Der Kinderwunsch Gegenwart und Geschichte
Zwei Beiträge zur Frage nach der "Evolution der Kindheit"

Europäische Hochschulschriften

Publications Universitaires Européennes
European University Studies

Reihe XI

Pädagogik

Série XI Series XI
Pédagogie
Education

Bd./Vol. 592

PETER LANG

Frankfurt am Main · Berlin · Bern · New York · Paris · Wien

Annette Klomann / Friedhelm Nyssen

Der Kinderwunsch
Gegenwart und Geschichte

Zwei Beiträge zur Frage
nach der "Evolution der Kindheit"

PETER LANG
Europäischer Verlag der Wissenschaften

Die Deutsche Bibliothek - CIP-Einheitsaufnahme

Der Kinderwunsch : Gegenwart und Geschichte ; zwei Beiträge
zur Frage nach der "Evolution der Kindheit" / Annette
Klomann ; Friedhelm Nyssen. - Frankfurt am Main ; Berlin ;
Bern ; New York ; Paris ; Wien : Lang, 1994
(Europäische Hochschulschriften : Reihe 11, Pädagogik ;
Bd. 592)
ISBN 3-631-47497-0
NE: Europäische Hochschulschriften / 11

D 30
ISSN 0531-7398
ISBN 3-631-47497-0
© Peter Lang GmbH
Europäischer Verlag der Wissenschaften
Frankfurt am Main 1994
Alle Rechte vorbehalten.

Printed in Germany 1 2 3 5 6 7

INHALT

INHALTSVERZEICHNIS

TEIL I

INHALTSVERZEICHNIS

TEIL II

TEIL I

1. Einleitung

1.1 Problemstellung

Die Entscheidung zum Kind kann wohl als der wichtigste, unrevidierbarste und folgenreichste Entschluß im Leben angesehen werden. Aus diesem Grund sollten Überlegungen über Kinderwunschmotive von jedem Einzelnen angestellt werden. Besonders für Frauen zwischen 20 und 40 Jahren ist das Thema ansprechend, weil sich der weibliche Kinderwunsch als Konflikt - zwischen Mutterschaft einerseits und Selbstverwirklichung in Partnerschaft und vor allem im Beruf andererseits - darstellt. Von diesem augenscheinlichen Widerspruch wird man in gravierender Weise getroffen, wenn durch Kenntnis von Psychoanalyse und Pädagogik die Bedürfnisse eines Kindes und die Notwendigkeit umfassender Fürsorge - insbesondere in den ersten drei Jahren - bewußt geworden sind. Umso härter stellt man sich daher selbst auch die Frage "Warum will man denn eigentlich ein Kind?" und stößt dabei auf einen rational kaum faßbar erscheinenden Komplex. Mit diesem Beitrag erhoffe ich für Interessierte und noch in "Elternanwartschaft" befindliche Leser, als Nebeneffekt der Untersuchung weitestgehend Klarheit in dieser schwierigen Frage verschaffen zu können.

Neben dem geschilderten Bezug zur Kinderwunschdiskussion mußte bei der Sichtung der Literatur zum Thema festgestellt und zugleich kritisiert werden, daß der Kinderwunsch nahezu ausschließlich in Auswirkung auf die elterliche Situation beleuchtet wird. Deshalb wurde bei dieser Arbeit ganz bewußt das Kind als Objekt des Wunsches in den Mittelpunkt gerückt, denn schließlich sollten die hauptsächlichen Überlegungen um das Wunschziel zentriert sein. Daß dies bislang auch in der Literatur vernachlässigt wurde, läßt auf interessante Untersuchungsergebnisse hoffen.

Insgesamt erscheint mir die Diskussion des Kinderwunsches sowohl im einzelnen als auch gesamtgesellschaftlich tabuisiert zu sein, denn das Recht, Kinder in die Welt zu setzen, wird im krassen Gegensatz zur Abtreibungsdiskussion nicht problematisiert. In Anbetracht der hohen Scheidungsraten, die auf große Unsicherheit und Unstetigkeit in dauerhaften menschlichen Bindungen hinweist und ähnliche Verhaltensmuster auch gegenüber den Kindern - zumindest ohne Rücksicht auf sie - befürchten läßt, ist dies meines Erachtens nicht gerechtfertigt.

Auch ist ein Spannungsbogen in der Kinderzahl zwischen höherer Geburtenrate in unteren sozialen Schichten und niedrigeren Geburtenraten in anderen Gesellschaftsschichten zu beobachten. Dies weist auf ein interessantes Untersuchungspotential bei der Prägung des Kinderwunsches und des Planungsverhaltens durch das soziale Umfeld hin. Deshalb wird auch dies in die Thematik aufgenommen.

Aus letzterer Beobachtung heraus erscheint es fraglich, ob die im Gegensatz zu früher bestehenden Möglichkeiten der effektiven Verhütung von ungewolltem Nachwuchs nur noch Wunschkinder mit positiven Entwicklungsbedingungen erwarten lassen und damit gleichsam das von Lloyd de Mause prognostizierte "Erwachen aus dem Alptraum der Geschichte der Kindheit" (de Mause 1977, S. 12) vollständig erreicht sein soll. Ob die an dieser Stelle angebrachten Zweifel berechtigt sind, gilt es im Verlauf des Beitrages zu klären.

Dabei wird die Ursache für negativ zu beurteilende Kindheitsbedingungen unter anderem in den Kinderwunschmotiven der Eltern, insbesondere in der Täuschung im Kinderwunsch und der damit verbundenen "Blauäugigkeit" in Bezug auf die Belastungen der Elternschaft, vermutet. Denn eigentlich müßten heutzutage keine Kinder mehr in die Welt gesetzt werden, für deren physisches und psychisches Wohl die Eltern nicht zu sorgen gewillt oder in der Lage sind.

Ziel der Untersuchung soll daher sein, zur kritischen Reflektion über den eigenen Kinderwunsch anzuregen und in diesem Bereich Problembewußtsein zu schaffen, um kinderfreundliche Lebensbedingungen zu ermöglichen bzw. kinderfeindliche Bedingungen bereits im Ansatz zu vermeiden.

Da der eigene Kinderwunsch ein sehr persönliches Thema darstellt und aufgrund der angesprochenen gesellschaftlichen Tabuisierung erfahrungsgemäß von Einzelnen nicht ohne weiteres in Frage gestellt wird, kann auf bewußte Provokation an manchen Stellen nicht verzichtet werden. Dies soll nicht als Anmaßung, sondern als notwendiges "Aufrütteln" im Interesse des zukünftigen Kindeswohls aufgefaßt werden, um auf diese Weise zu verantwortungsbewußter Elternschaft als Voraussetzung für einen allseits erfreulichen Familienalltag appellieren zu können.

1.2 Gang der Untersuchung

In der Darstellung von Kindheitsbedingungen als einleitendem Teil wird versucht, anhand der Verknüpfung von de Mauses Alptraumtheorie mit der Antipädagogik von Alice Miller die Gefahr für das Wohl des Kindes bereits in den Kinderwunschmotiven der Eltern aufzuzeigen. Die daraus zu entwickelnden und am Ende des einleitenden Teiles in Kapitel 2.4 dargestellten Thesen werden dann im Laufe der Arbeit an einem Modell generativen Verhaltens untersucht, das in Kapitel 3.4 vorgestellt wird und sich schrittweise durch den Hauptteil (Abschnitt 4 - 6) zieht.

Der Schwerpunkt liegt dabei auf der Diskussion über den Kinderwunsch unter verschiedenen Aspekten. Daher ist dem Kinderwunschmotiv als zentralem Thema auch ein Grundlagenteil zur Klärung des Phänomens gewidmet, der sich an den einleitenden Teil in Abschnitt 3 anschließt.

Die entscheidende Phase der Fortpflanzung wird mit dem Planungsverhalten und der Entscheidung zwischen Schwangerschaft und Abtreibung in Abschnitt 5 behandelt, bevor dann nach der Darstellung vom Alltag mit einem Kleinkind zur Diskussion von Auswirkungen der Kinderwunschmotive auf die Entwicklungsbedingungen der Kinder in Abschnitt 6 übergegangen wird. Als Abschluß des Hauptteiles werden Kriterien für den Kinderwunsch zu entwickeln versucht, die einen positiven Lebensstart für Kinder erhoffen lassen, bevor dann am Ende gesellschaftliche Möglichkeiten und Empfehlungen bzw. Forderungen an jeden Einzelnen zur Problemlösung erörtert werden.

Der aus der Diskussion verschiedener Aspekte des Kinderwunsches, der Erfüllung des Kinderwunsches und den Auswirkungen von Kinderwunschmotiven auf die Entwicklungsbedingungen der Kinder bestehende Hauptteil der Arbeit stützt sich auf umfangreiche Literatur, in der das sehr persönliche Thema größtenteils anhand von Befragungen untersucht wurde.

2. Kindheitsbedingungen

In diesem einleitenden Abschnitt findet eine Art Bestandsaufnahme des Alltags von Kindern statt, indem Kindheitsbedingungen in Geschichte und Gegenwart grob skizziert werden. Die maßgeblichen Probleme des heutigen Erziehungsalltags sollen dabei erfaßt und im Kontext der Geschichte gewertet werden, um dann Hypothesen für mögliche Ursachen von noch immer vorhandenen Mißständen für Kinder erstellen zu können.

2.1 Geschichte der Kindheit

"Die Geschichte der Kindheit ist ein Alptraum, aus dem wir gerade erst erwachen." (de Mause 1977, S. 12).

Mit dieser berühmten These beginnen die Ausführungen des Psychohistorikers Lloyd de Mause zur "Evolution der Kindheit". Er kommt darin unter anderem zu der für die Gegenwart hoffnungsvollen Erkenntnis, daß sich die Eltern im Laufe der Geschichte in das psychische Alter ihrer Kinder besser zurückversetzen können, sie ihren eigenen Ängsten dieses Alters erneut begegnen und die Fürsorge gegenüber den Kindern im Laufe der Geschichte zunimmt (1977, S. 14 ff.) - oder negativ ausgedrückt:

"Je weiter wir in der Geschichte zurückgehen, desto unzureichender wird die Pflege der Kinder, die Fürsorge für sie und desto größer die Wahrscheinlichkeit, daß Kinder getötet, ausgesetzt, geschlagen, gequält und sexuell mißbraucht wurden." (1977, S. 12).

De Mauses Darstellung der Kindheitsgeschichte wird auch "affirmativ" genannt, weil sie keinerlei Kritikpunkte bezüglich der Gegenwart aufzeigt. Daneben existieren auch "zivilisationskritische" Interpretationen, wie z.B. die 1975 erschienene "Geschichte der Kindheit" von Philippe Aries, in der im Gegensatz zu de Mauses Darstellungen die fortschreitende Zivilisation kritisch hinterfragt wird (Nyssen 1979, S. 261). Die Nähe der "Sozialität" (Aries 1975, S. 47) erfährt von Aries eine höhere Bewertung als die Gewalt, unter der Kinder in dieser Zeit zu leiden hatten. Seine grundlegende These besteht darin, daß die Geschichte eine "Zunahme von Unfreiheit, sozialer Abschließung und Repression durch die Erwachsenen" (von Hentig 1975, S. 11) aufzeigt. Während es sich de Mause zur Aufgabe machte, Praktiken der Kindesmißhandlung in der Primärbeziehung aufzuzeigen, wollte Aries den Wandel der Sozialisationsformen verdeutlichen (Zenz 1979, S. 64). Bei allen Unterschieden der verschiedenen Richtungen ist jedoch folgendes festzuhalten:

"Kinder waren im Laufe der Geschichte immer wieder Mißhandlungen ausgesetzt, deren Art und Ausmaß zeitspezifische Gemeinsamkeiten und Veränderungen erkennen lassen. Mord, Ritualopfer, Aussetzung, Verstümmelung, Verkauf, harte Züchtigungen und die Einsetzung der kindlichen Arbeitskraft bis zum gesundheitlichen Ruin ..." (1979, S. 19).

Tausende von Jahren war Gewalt gegen Kinder Selbstverständlichkeit. Geburtenkontrolle praktizierte man durch Aussetzung und Tötung überzähliger Kinder (Wolff 1975, S. 16). Erst gegen Ende des 19. Jahrhunderts wurde die Kindesmißhandlung als gesellschaftliches Problem anerkannt und die Kinderschutzgesetzgebung zur Eindämmung der rücksichtslosen Ausbeutung von Kindern als Arbeitskräfte in Fabriken und im elterlichen Haushalt entwickelt (Amendt 1990, S. 105 f.). Den Anstoß dazu gab die staatliche Befürchtung, ausgebeutete Kinder im Erwachsenenalter weder für wirtschaftliche noch für militärische Zwecke gebrauchen zu können und die Gattung aufgrund der hohen Sterblichkeitsrate ernsthaft gefährdet zu sehen (Wolff 1975, S. 20). Die hohe Sterblichkeit von Kindern ist nicht nur Folge wirtschaftlicher Ausbeutung, sondern auch im mütterlichen Desinteresse, mangelnder emotionaler Zuwendung und der medizinischen Unwissenheit begründet zu sehen (Rosenbaum 1982, S. 90 f.).

Für die elterlichen Reaktionen in der Vergangenheit sollte Verständnis dahingehend entgegengebracht werden, daß Kinder damals unvermeidbar waren, sie ohne speziellen Kinderwunsch in großer Anzahl kamen und es angesichts der hohen Kindersterblichkeit auch viele sein mußten (von Hentig 1975, S. 15). Eltern sahen sich demnach gezwungen, sich auf die Austauschbarkeit eines Kindes durch das nächste einzustellen, weil bei der hohen Sterblichkeitsrate eine enge Bindung zu ihnen fatal gewesen wäre (Zenz 1979, S. 63; von Hentig 1975, S. 15). In diesem Sinne schreibt Montaigne im 16. Jahrhundert:

"Ich habe zwei oder drei Kinder im Säuglingsalter verloren, nicht ohne Bedauern, aber doch ohne Kummer." (Aries 1975, S. 100).

Ebensowenig wie Aries als Kritiker der Gegenwart die Situation der Kinder in der vorkapitalistischen Zeit hinterfragt, stellt de Mause als Kritiker der Vergangenheit die Situation der heute lebenden Kinder in Frage. Bei der Analyse der Geschehnisse stellt er eine Verbesserung der Eltern-Kind-Beziehung hinsichtlich der elterlichen Reaktion auf die Bedürfnisäußerungen seitens der Kinder fest: Weg von "Projektion"[1] und "Umkehrreaktion"[2] zur "empathischen Reaktion" im Verhalten der Eltern (de Mause 1977, S. 20). Als "empathische Reaktion" wird die Fähigkeit des Erwachsenen bezeichnet, auf die Stufe der kindlichen Bedürfnisse zurückgehen und diese richtig einschätzen zu können, ohne dabei eigene Projektionen oder Umkehrreaktionen beizumischen. Gleichzeitig soll man aber in der Lage sein, genügend Distanz zu den kindlichen Bedürfnissen zu bewahren, um diese befriedigen zu können (1977, S. 20 f.):

Anmerkung:

1) Übertragung unbewußter Gefühle und Phantasien auf das Kind
2) Kind wird von Eltern in der Funktion einer wichtigen Person der eigenen Kindheit gesehen

"Was den Eltern in der Vergangenheit fehlte, war nicht Liebe, sondern die emotionale Reife, die nötig ist, um das Kind als eigenständige Person anzuerkennen." (1977, S. 35).

Es stellt sich nun die Frage, ob aus der zuletzt angeführten Aussage von de Mause der Schluß gezogen werden kann, daß das heutige Eltern-Kind-Verhältnis durchgängig vom Empathie bestimmt ist und wir wirklich dabei sind, aus dem "Alptraum der Kindheit" zu erwachen. Zwar hat sich auf der einen Seite das pädagogische Denken als eigenständige Größe unabhängig von Gesellschaftssystem und Produktionsverhältnissen positiv entwickelt und sich zudem die Anerkennung der eigenständigen Persönlichkeit des Kindes und der Kindheit als Lebensphase vollzogen (Braunmühl 1978, S. 29; Beck-Gernsheim 1988, S. 27; Zenz 1979, S. 20). Gleichzeitig haben sich jedoch auf der anderen Seite die Lebensbedingungen in den Industrienationen und die Entfaltungsmöglichkeiten der Eltern entscheidend verbessert. So kann man im Gegensatz zu de Mause auch zu dem Schluß gelangen, den positiven Wandel von Kindheitsbedingungen in erster Linie dem ökonomischen Fortschritt zuzuschreiben. (Wolff 1975, S. 18 ff.). Denn weil die Eltern heute im Vergleich zur Vergangenheit weitgehend von den Belastungen des Existenzkampfes befreit sind und keine unvermeidbar hohe Zahl von Kindern zu versorgen brauchen, bleibt mehr Zeit und Kraft für die Belange derjenigen Kinder, die mittels Verhütungsmöglichkeiten bewußt gezeugt werden können.

Wenn man nun mit gewissem Verständnis für die Nöte von Eltern in früheren Zeiten auf den nicht zu verleugnenden "Alptraum der Geschichte der Kindheit" zurückblickt, wächst das Interesse an der Untersuchung der von de Mause geweckten Hoffnung auf das "Erwachen aus dem Alptraum". Deshalb werden nun nachfolgend die heutigen Kindheitsbedingungen unter diesem Aspekt beleuchtet.

2.2 Kindheit heute

"Nicht die Kinder sind anders ..., sondern die Kindheit." (von Hentig 1975, S. 33).

Der Blick in die Vergangenheit hat gezeigt, daß Kinder wenig Rechte und viel zu erleiden hatten. Daß Kinder seit Jahrtausenden Opfer von Erwachsenen sind, geht nicht nur aus der "Evolution der Kindheit" von de Mause hervor, sondern auch aus unzähligen anderen Zeugnissen und Ratschlägen der Erziehung. Trotzdem wird dieser

Gedanke kaum direkt angesprochen, weil schon immer die Hinweise auf die Grausam-
keiten mehr Empörung in der Öffentlichkeit hervorgerufen haben als die Grausam-
keiten selbst (Miller 1981, S. 243).

Die Hoffnung auf das Erwachen aus diesem Alptraum der Kindheit wird jedoch durch
noch immer nicht zu unterschätzende Probleme von Kindern in der heutigen Zeit
getrübt. Denn es werden weiterhin Kinder mißhandelt, obwohl das Thema häufiger
ohne Tabus öffentlich diskutiert wird und besonders in den letzten zehn Jahren großes
wissenschaftliches und gesellschaftliches Interesse erregt hat (Amendt 1990, S. 109).
Zur Einführung in die Problematik heutiger Kindheitsbedingungen wird eine allgemein
anerkannte Definition von "Kindesmißhandlung" gegeben:

> "Kindesmißhandlung stellt eine nicht zufällige gewaltsame physische und/oder
> psychische Beeinträchtigung oder Vernachlässigung des Kindes durch die Eltern
> oder Erziehungsberechtigten dar, die das Kind schädigt, verletzt, in seiner
> Entwicklung hemmt und gegebenenfalls zu Tode bringt." (Wolff 1975, S. 24).

Obwohl die Bedeutung der Kindheit für das lebenslange seelische Wohlbefinden
bereits von Freud Ende des 19. Jahrhunderts erkannt wurde, ist die heutige Realität
des Kinderalltags noch immer bedrückend:

Nach neuesten Schätzungen liegt die Untergrenze mißhandelter Kinder in Deutsch-
land - sexueller Mißbrauch und Vernachlässigungen inbegriffen - bei einer Million pro
Jahr (Amendt 1990, S. 109; Petri 1991, S. 17; Zenz 1979, S. 157 ff.). Unter
Bezugnahme auf mehrere Untersuchungen läßt sich feststellen, daß jährlich in
Deutschland 200 - 800 Kinder an den Folgen körperlicher Mißhandlungen sterben.
Opfer sind hier vor allem Säuglinge und Kleinkinder (Wolff 1975, S. 24).

Neuste Studien ergeben, daß bei den zwischen 12.000 und 13.000 Fällen von sexuellem
Mißbrauch in den alten Bundesländern (Dunkelziffer etwa 300.000) oft Familienange-
hörige, nach Schätzungen des Bremer Sexualforschers Gerhard Amendt darunter in
35 % der Fälle sogar Mütter, die Täter sind. Aufgrund des Elternrechts zur Gewaltaus-
übung werden in den meisten modernen Industrienationen Kinder vom Säuglingsalter
an noch zu etwa 60 - 80 % mit körperlicher Strafe erzogen. In 10 - 30 % der Fälle
werden sogar noch Gegenstände zum Schlagen verwandt, was schwere Körperver-
letzungen mit bis zu bereits erwähntem tödlichen Ausgang zur Folge haben kann
(Petri 1991, S. 19). Und es muß dazu leider bemerkt werden:

"Mit jedem Schlag geht ein Stück Lebendigkeit verloren." (1991, S. 206).

Aufgrund der hohen Dunkelziffer und unzureichender hilfeorienterter Interventions-
möglichkeiten ist effektive Hilfe im Frühstadium einer Mißhandlung kaum möglich
(Zenz 1979, S. 165). Sowohl die wenigen konkret möglichen Hilfsmaßnahmen für
Kinder und Eltern in einer Problemsituation als auch die nachgehenden Hilfen stellen
meist eine große Belastung für das Kind dar. Es leidet beispielsweise an der Trennung
von den mißhandelnden Eltern bei einer Heimunterbringung, denn auch zur mißhandelnden Familie ist die Bindung des Kindes in vielen Fällen sehr eng (Wolff 1979,
S. 14; Spitz 1957, S. 50 ff.; Zenz 1979, S. 258).

Umso wichtiger ist daher die Ergründung von Ursachen der Kindesmißhandlung zu
deren Prävention: So spielen beispielsweise ungünstige soziale Verhältnisse eine
anerkannt große Rolle bei Mißhandlungsfällen, sind viele Täter selbst in der Kindheit
mißbraucht worden oder sind sonstige kinderfeindliche Umweltbedingungen maßgeblich (Zenz 1979, S. 185 ff.; Miller 1988, S. 9; Braunmühl 1978, S. 73). Bei allem muß
bewußt sein, daß Kinder das schwächste Glied unserer Gesellschaft darstellen und
deshalb in besonderem Maße schutzwürdig sind:

"Während Väter und Mütter ihre jeweils verteidigten Reviere wahren, stehen die
Lebensgelände der Kinder dem Zugriff der Eltern permanent offen." (Brückner
1979, S. 122).

Es hat sich gezeigt, daß die heutigen Kindheitsbedingungen trotz positiv zu bewerten-
der wissenschaftlicher Entwicklung und ökonomischem Fortschritt noch immer problematisch sind: Ein Wandel von physischen zu psychischen Problemen ist in unserer
Leistungsgesellschaft zu verzeichnen.

Das zunehmende Verständnis für Kinder hat auch eine andere Seite, nämlich
Leistungsdrill, frühzeitige Disziplinierung und Erziehungsgewalt (Beck-Gernsheim
1989, S. 30 ff.; Braunmühl 1978, S. 21). Die für die Entwicklung bedeutsame
Gegenwart der Kindheit wird dabei der Zukunft des Kindes und den diesbezüglichen
Wünschen der Eltern geopfert (von Hentig 1975, S. 34):

"Viele Eltern quälen Kinder heute aus einer Liebe heraus, die das morgen meint.
Aber die in die Zukunft gesendete Liebe kann von den Kindern nicht empfangen
werden." (Braunmühl 1978, S. 22).

Auch die Eltern unterliegen dem Leistungsdruck und den Konsumzwängen. Zugunsten
beruflicher Karriere werden die Kinder teils von Beginn an fremdbetreut und damit

den Kindern das wichtigste vorenthalten - die Zeit ihrer Eltern (Janov 1977, S. 243; Braunmühl 1978). Sie werden oft zum Beiwerk in deren Leben reduziert, statt im Mittelpunkt des elterlichen Interesses zu stehen.

Auf diese Weise lassen sich Kriminalität, Alkoholismus, Drogenprobleme, Suizidversuche, Gewalttätigkeiten und psychische Störungen bei Kindern und Jugendlichen trotz des allgemeinen Wohlstands in der westlichen Welt erklären (Miller 1981, S. 110, S. 153, S. 308; Miller 1980, S. 296).

Mißhandelnde sind vom Zustand des Kriminellen weit entfernt und benötigen Hilfe zur Bewältigung ihrer Probleme, damit deren Kinder nicht gefährdet werden und der Kreislauf des Abreagierens unterbrochen wird. Denn die meisten Menschen, die selbst Opfer der Erziehung geworden sind, besitzen eine starke pädagogische Ambition, die als unbewußte Rache an den damaligen Erziehern gewertet werden kann (de Mause 1977, S. 35; Miller 1988, S. 33; Braunmühl 1978, S. 44, S. 91).

Daß die heutigen Eltern die Stufe der Empathie gegenüber ihren Kindern erreicht haben, wir somit aus dem Alptraum der Kindheit erwacht sind, ist angesichts der geschilderten aktuellen Kindheitsbedingungen zweifelhaft. Dies muß trotz der wissenschaftlichen Erkenntnis bezüglich der kindlichen Bedürfnisse und der Entwicklung von Kinderrechten und der Kinderschutzgesetzgebung sehr bedenklich stimmen.

Da Mißhandlungen vorwiegend von Eltern begangen werden und psychische Störungen hauptsächlich in den ersten Lebensjahren durch Erziehungsgewalt verursacht werden (Amendt 1990, S. 110; Petri 1991, S. 31 ff.), wird das heutige Eltern-Kind-Verhältnis und die Funktion des Kindes für die Eltern zur Ergründung der Mißstände, die das Erwachen aus dem Alptraum der Kindheit erschweren, im folgenden Kapitel näher betrachtet.

2.3 Erziehungswirklichkeit

"Am Anfang war Erziehung" meint Alice Miller im Titel ihres 1980 erschienen Buches und sieht damit den entscheidenden Kausalzusammenhang zwischen der Erziehung und psychischem menschlichem Elend. Mit dem Erziehen aufzuhören, könnte ihrer Meinung nach das "Erwachen aus dem Alptraum der Kindheit" ermöglichen (Braunmühl 1975, S. 20). Denn wenn jemand sagt, daß er "sein Kind erzieht", wird die

Betrachtung des Kindes als pädagogisches Objekt offenkundig: Erziehung bedeutet, das Kind zu etwas bringen zu wollen. Dieser Vorgang muß als kinderfeindlich eingestuft werden, weil ein Kind und dessen Bedürfnisse vom ersten Tag an respektiert werden sollten und es nicht für die Bedürfnisse seiner Eltern mißbraucht werden darf (Braunmühl 1978, S. 79; Miller 1979, S. 9 f; Miller 1980, S. 119). Andernfalls besteht die Gefahr, daß das Kind seine Persönlichkeit nicht zum "wahren Selbst" ausbilden kann, sondern sich an die elterlichen Bedürfnisse mit einer "Als-Ob-Persönlichkeit" anpaßt - dem sogenannten "falschen Selbst" (Miller 1979, S. 29, S. 139 f; Miller 1980, S. 309). Immer wenn ein Kind mit Erziehungszielen beherrscht wird und dessen Willen zum Wohle seiner zukünftigen Einordnung in die Gesellschaft gebrochen werden soll, wird "Schwarze Pädagogik" praktiziert (1980, S. 77). Wie eine Seuche breitet sich diese dann auf die Umgebung des zum Erziehungsobjekt degradierten Menschen nach dem Motto des "Sichterrorisieren lassen und seinerseits terrorisieren" aus (Braunmühl 1975, S. 14):

> "Je vollständiger ein Mensch ... depersonalisiert wurde, desto aussichtsloser sucht er in sich selbst nach etwas Eigenem, desto schwerer fällt es ihm auch, vor sich selbst die Verantwortung für sein Leben zu übernehmen, desto konsequenter mißtraut er sich selbst und allen anderen, desto intoleranter, pädagogischer, totalitärer ist sein Denken." (S. 14).

Einen Weg aus dem geschilderten Teufelskreis des "Alptraums der Kindheit" soll die "Antipädagogik" weisen (Miller 1980, S. 113 ff., S. 121; Braunmühl 1978, S. 19). Das Kind braucht nämlich keinerlei Pädagogik, sondern lediglich Liebe (Stettbacher 1990, S. 143):

> "Zur Liebe kann man ein Kind nicht erziehen, weder mit Schlägen noch mit gutgemeinten Worten; keine Ermahnungen, Predigten, Erklärungen, Vorbilder, Drohungen, Sanktionen können ein Kind liebesfähig machen. Ein Kind, dem man predigt, lernt nur predigen, und ein Kind, das man schlägt, lernt schlagen. Erziehen kann man einen Menschen zu einem guten Bürger, zu einem tapferen Soldaten, zu einem frommen ... Katholiken ..., nicht aber zu einem lebendigen und freien Menschen." (Miller 1981, S. 124 f.).

Statt von Erziehungszielen und Vorstellungen der Eltern in seiner freien Entscheidung eingeengt zu werden, benötigt das Kind zur Entfaltung des "gesunden Narzißmus" einzig und allein den Schutz des Erwachsenen vor Gefahren und dessen Liebe (Miller 1979, S. 61). Das Kind soll deshalb nicht sich selbst überlassen werden, sondern "... braucht die seelische und körperliche Begleitung des Erwachsenen in einem sehr hohen Maße" (Miller 1980, S. 122).

Begleitung des Kindes heißt, es zu achten, seine Rechte zu respektieren, die kindlichen Gefühle zu tolerieren und zum Lernen aus seinem Verhalten und Wesen bereit zu sein (S. 122). Doch all dies ist nur mit Empathie möglich, denn nur ein empathischer Mensch kann Anwalt für die Bedürfnisse eines Kindes sein (1979, S. 111):

"Es ist ein ureigenes Bedürfnis des Kindes als das, was es jeweils ist, und als 'Zentrum der eigenen Aktivität' gesehen, betrachtet und ernstgenommen zu werden." (1979, S. 21).

Alle Erwachsene, die Elternschaft planen, haben die besten Vorsätze für den späteren Umgang mit dem Kind und sind trotz allgemein bekannter Probleme meist voller Optimismus bezüglich der zukünftigen Elternrolle. Doch schon Wilhelm Busch er kannte:

"Vater werden ist nicht schwer, Vater sein dagegen sehr" (zit. nach Braunmühl 1975, S. 23).

Die Erfahrung lehrt, daß Eltern meist erst aus Fehlern zu lernen bereit sind, nicht schon aus den Beispielen anderer (1978, S. 28). Wichtig sind daher frühstmögliche Bemühungen zur Problemlösung, d.h., Primärprävention, um Leiden für Kinder von vorne herein zu vermeiden (Petri 1991, S. 177).

In Anlehnung an Alice Miller wird daher im Sinne des Kindeswohles zur Primärprävention vieler Probleme bereits in den Erwartungen der Eltern im Kinderwunsch kritisch angesetzt. Denn wie bereits der Titel des Beitrages ausdrückt, war zu allererst - noch vor dem Beginn der Erziehung - der Kinderwunsch.

2.4 Erwartungen der Eltern an ihre Kinder

Alle bisherigen Ausführungen über die Erziehungswirklichkeit mit den Gefahren der "schwarzen Pädagogik" und den Chancen der "Antipädagogik" können in den Kinderwunsch, d.h., die Erwartungen der Eltern an ihre zukünftigen Kinder, übertragen werden. Denn im Kinderwunsch wird die zukünftige Elternrolle bereits antizipiert (Braunmühl 1975, S. 39):

"Wie du geboren wurdest, so wirst zu leben ..." (Stettbacher 1990, S. 21).

Es würde weniger Unheil an Kindern angerichtet werden, deren Beziehungsfähigkeit dadurch wiederum für Gegenwart und Zukunft nicht gestört werden, wenn den Eltern bewußt wäre, daß sie mit dem Zeugungsakt bereits die Verpflichtung für das seelische Wohl des Kindes eingehen (1990, S. 20 f.). Wie bei einem Bankdarlehen bleiben die Eltern dem Kind damit etwas schuldig, müssen dies in der Zukunft des Kindes "abzahlen" und bleiben haftbar, auch wenn sie sich über die Folgen ihres Tuns nicht im klaren sind (Miller 1988, S. 247 f.):

> "Darf man ein Kind auf die Welt bringen und die Verpflichtungen vergessen? Das Kind ist kein Spielzeug, kein Kätzchen, sondern ein Bündel von Bedürfnissen, das sehr viel Zuwendung braucht, um seine Möglichkeiten zu entfalten. Wenn man nicht bereit ist, ihm das zu geben, muß man keine Kinder haben" (1988, S. 248).

Erschwerend kommt zu den genannten Gesichtspunkten hinzu, daß sich die Tragik der elterlichen Kindheit in der Beziehung zu den eigenen Kindern fortführt, das Drama des Alptraums Fortsetzung findet (1979, S. 47 f.). Der Wunsch nach einem Kind wirkt möglicherweise wie ein Wiederholungszwang (1979, S. 133) oder wird mit Erwartungen und Hoffnungen auf positive Veränderungen - ähnlich einem Suchtmittel - verknüpft (Braunmühl 1975, S. 14). Besonders ein unaufschiebbar, dringlicher Kinderwunsch, Braunmühl nennt dies "mystifizierende Wunschkindideologie" (1975, S. 54), ist oft "Ausdruck der eigenen großen Bedürftigkeit" (Miller 1979, S. 131):

> "Wie ein Kind, das mit Figuren des Szenotests seine Familie darstellt, breitet der Patient mit Hilfe seines neugeborenen Kindes unbewußt die Tragik seines Schicksals vor sich selber aus." (1979, S. 132).

Statt der erhofften Glückseligkeit öffnet sich mit der Geburt der Kinder die Tür zu der unbewußt aufgestauten Wut der eigenen Kindheit, es kommt neues Leben in die "verborgene Kammer" (Miller 1980, S. 48, S.31; Miller 1988, S. 251). Die ersten Aggressionsäußerungen des Kindes, mit denen die Eltern nichts anzufangen wissen und ihrem Schützling gegebenenfalls durch Mißhandlung oder Überbehütung Dauerschäden zufügen, sind oft auf die Enttäuschung der Eltern über die ausgebliebene Erfüllung ihrer Wünsche und unbewußten Hoffnungen zurückzuführen (Braunmühl 1975, S. 55).

In Anlehnung an Braunmühls Auffassung, daß das Kinderwunschmotiv als "neuralgischer Punkt der Kinderfeindlichkeit" (S. 38) bezeichnet werden kann, werden diesbezüglich folgende Thesen aufgestellt, die im weiteren untersucht werden:

1. Die Wurzel vielfältigen menschlichen Elends ist schon im Kinderwunschmotiv der Eltern angelegt. Empathie bereits im Kinderwunsch könnte die Entwicklungsbedingungen der Kinder entscheidend verbessern.

2. Der Grund für den Alptraum der heutigen Kindheitsbedingungen ist darin zu sehen, das Kinder zu oft in schlechte Bedingungen hineingeboren werden, während gute Bedingungen häufig ungenutzt bleiben.

3. Eine hauptsächliche Ursache für die Mißhandlung von Kindern durch die Eltern ist in der Täuschung im Kinderwunsch, d.h., unrealistischen Vorstellungen und falschen Hoffnungen bezüglich des Lebens mit einem Kind, begründet.

3. Phänomen Kinderwunschmotiv

Als zentrales Problem des Beitrags, das anhand der ausgangs des vorhergehenden Abschnitts dargestellten Thesen in Bezug auf die Entwicklungsbedingungen von Kindern untersucht werden soll, steht das Kinderwunschmotiv im Mittelpunkt. Daher wird diesem Phänomen der anschließende Grundlagenteil gewidmet und der Kinderwunsch insbesondere in den letzten beiden Kapiteln dieses Abschnitts anhand eines Modells zum generativen Verhalten und einer empirischen Untersuchung von Ekkehard von Braunmühl veranschaulicht.

3.1 Entwicklung der Kinderfrage

"Die Kinderfrage" lautet der Titel des 1988 erschienenen Buches von Elisabeth Beck-Gernsheim, das sich mit dem Kinderwunsch und der Stellung der Frau auseinandersetzt. Der Entwicklung dieser Frage wird in diesem Kapitel nachgegangen:

Die Fragestellung, warum man Kinder in die Welt setzt, existiert in der heutigen Form erst seit 30 Jahren, denn durch die Entwicklung der Anti-Baby-Pille wurden Anfang der 60er Jahre unsichere Verhütungsmethoden abgelöst. Um die Jahrhundertwende war Sexualität noch ein Tabuthema, strafwürdige Sache außerhalb der Ehe und zur lästigen Notwendigkeit der Nachwuchssicherung reduziert (Häußler 1983, S. 58). Die zu dieser Zeit schon von Freud ersehnte Trennung von Sexualität und Fortpflanzung wurde mit der Pille Wirklichkeit (Sichtermann 1983, S. 22). In diesem Sinne schreibt er 1906 In "Sexualität in der Ätiologie von Neurosen":

> "Theoretisch wäre es einer der größten Triumphe der Menschheit, eine der fühlbarsten Befreiungen des Naturzwangs, dem unser Geschlecht unterworfen ist, wenn es gelänge, den verantwortlichen Akt der Kinderzeugung zu einer willkürlichen und beabsichtigten Handlung zu erheben und ihn von der Verquickung mit der notwendigen Befriedigung eines natürlichen Bedürfnisses zu befreien (Freud 1952, S. 307).

In der Geschichte des Kinderwunsches spiegelt sich neben der Veränderung des Sexuallebens die Entwicklung des Rollenverhältnisses von Mann und Frau und die Änderung der Bedeutung von Kindern für ihre Eltern wider (Leyrer 1989, S. 90):

Die Kinderfrage bewegte sich bis zur heutigen Zeit immer weiter weg von patriarchalischen Normen hin zu feministischen Forderungen (Wetterer 1983, S. 133), d.h., aus den Händen des Mannes in die der Frau. Im Gegensatz zur heutigen Entscheidung der Mutter über Verhütungsmethode, Abtreibung oder Adoption bestimmte früher der Mann die eheliche Sexualität und befand als Familienvater über Leben und Tod der Kinder. Kindesmord, Kindesaussetzung oder Tod durch Versorgungsmangel reduzierten nach der Geburt ohne moralische Bedenken die Kinderzahl (Häußler 1983, S. 21 ff). Erstgeborene und Söhne waren vom Vater noch sehnlichst erhofft, danach nahm die Freude spürbar ab und die Belastung für den Ernährer bzw. die Lebensbedingungen der übrigen Kinder zu. Spätestens ab dem vierten Kind trat die Sorge an die Stelle der Freude; weitere Kinder wurden als feindliche Geschöpfe angesehen, die auch von der Mutter gleichgültig behandelt oder sogar laut verwünscht wurden (Rosenbaum 1982, S. 452 ff.; Beck/Beck-Gernsheim 1990, S. 137).

Geburtenkontrolle fand im Mittelalter bis ins 19. Jahrhundert mangels Kenntnis und Sicherheit von Verhütungsmethoden überwiegend nach der Geburt statt (Amendt 1990, S. 105; Beck-Gernsheim 1984, S. 17; Dessai 1985, S. 13). Die Kinderfrage stellte sich offenbar erst viel später als heute - zu spät für das einzelne Kind:

"Als unerwünschtes Nebenprodukt sexueller Beziehungen gab es wenig Anlaß, sie willkommen zu heißen." (Rosenbaum 1982, S. 90).

Ein bis zwei Kinder waren auch unter schlechten Bedingungen erwünscht, weil sie zum traditionellen Ansehen einer Ehe gehörten und einen Potenzbeweis des Mannes darstellten. Kinderlosigkeit beruhte auf einem körperlichen Defekt und wurde gesellschaftlich und aus religiösen Gründen diskriminiert (1982, S. 240, S. 355; Nave-Herz 1988, S. 9 ff.).

In der beginnenden Geburtenkontrolle des Bürgertums im 19. Jahrhundert ist dann nicht in erster Linie das Bedürfnis der Eltern nach intensiverer Beziehung zu ihren Kindern, sondern die veränderte Rolle der Frau als nunmehr geistige Gefährtin des Mannes und Repräsentantin der Familie zu sehen (Rosenbaum 1982, S. 352).

Bis zum Beginn der Industrialisierung waren Kinder als Erbe zur Erhaltung des Geschlechts und Vermögens, als Arbeitskräfte und zur Alterssicherung notwendig

(Pelz 1988, S. 229). Auch war der Religion und der daraus resultierenden Forderung nach Fruchtbarkeit bei der hohen Kinderzahl eine entscheidende Rolle beizumessen (Sichtermann 1983, S. 22 ff.). Die Kinderzahl hatte also neben religiösen Gründen primär mit ökonomischen Überlegungen zu tun, denn laut Statistiken über Bevölkerungsentwicklung stiegen im mittelalterlichen Europa die Einwohnerzahlen mit den wirtschaftlichen Erträgen und fielen bei schlechten Ernten. Mit fortschreitender Industrialisierung trat die Bedeutung der Arbeitskraft von Kindern dann hinter die Belastung der Mutter durch die Kinderaufzucht zurück (Häußler 1983, S. 21): Das generative Verhalten änderte sich grundlegend - der Geburtenrückgang begann.

Erst seitdem Kinder eine finanzielle Belastung darstellen, sich eine Entwicklung vom "Kindersegen zur Kinderlast" (Beck/Beck-Gernsheim 1990, S. 138) vollzogen hat, macht man sich vorsorglich Gedanken über das Kinderkriegen:*

> "Es entsteht der Eindruck, daß wichtig nur das war, was Kinder den Eltern geben konnten und nicht umgekehrt." (Ayck/Stolten 1978, S. 55).

Natur, Glauben und Ökonomie haben heute im Vergleich zu früher mit antizipierenden Motiven der Eltern die Rangfolge bei der Kinderfrage getauscht (Sichtermann 1983, S. 23). Der Normalzustand ist die durch Verhütung erreichte Kinderlosigkeit: Kinder "passieren" nicht mehr einfach, sondern müssen einen Grund haben. Statt Willkür ist nun Rationalität des Einzelnen gefragt - die Kinderfrage wird historisch erstmals in radikaler Weise gestellt (Häußler 1983, S. 63 ff.). Kinder sind planbar und damit zur klärenden Frage geworden. Aus einem anzunehmenden Schicksal des Kinderkriegens als stillem Zwang wurde eine Entscheidung mit Konflikten (Sichtermann 1983, S. 23).

> "Erst jetzt, wo man auch "Nein" sagen kann, gibt es auch ein bewußtes "Ja": einen persönlichen Kinderwunsch." (Beck-Gernsheim, 1989, S. 113).

Die anfangs als Erlösung vom Kinderzwang gefeierte kontrollierbare Sexualität wird 30 Jahre nach dem Aufkommen der Pille in Teilen der weiblichen Bevölkerung bereits wieder beklagt. Die Pille hat an Popularität verloren, es scheint zwischenzeitlich ein Wertwandel von der sichersten zur gesündesten Verhütungsmethode stattgefunden zu haben (Häußler 1983, S. 69). Die Verhütungssicherheit wird nun als Verlust an Spontaneität abgewertet, der Zustand der Selbstverständlichkeit des Kinderkriegens heimlich wieder zurückersehnt (Beck/Beck-Gernsheim 1990, S. 145). Nach jahr-

---

* Anmerkung:
  Der finanzielle Aufwand für das Kind ist steil nach oben gestiegen, deutlich schneller als Einkommen, Inflationsrate und Lebenshaltungskosten. So kostet z.B. ein im Jahr 1982 geborenes Kind seine Eltern bis zum Abitur 100.000 bis 150.000 DM (vgl. Beck/Beck-Gernsheim 1990, S. 138; Kühler 1989, S. 7).

hundertelangem Kampf der Frauen gegen die Natur kämpfen sie heute gegen die Funktionalität, die Beherrschung ihres Körpers durch die Technik (Häußler 1983, S. 70). Einerseits widerstrebt das sachlich Rational-Planende in der Verhütung den Träumen von Liebe und Sexualität als irrationaler, gefühlvoller und spontaner Komponente im Leben, andererseits konkurrieren Emanzipation und neue Freiheit der Frau mit dem romantischen Kinderwunsch und fordern eine klare Abgrenzung (1983, S. 65). In letzterem Zusammenhang ist auch die abschließende Aussage der Frauenbewegung zu werten:

"Ob wir Kinder wollen oder keine, bestimmen wir alleine." (aus Beck-Gernsheim 1988, S. 7).

3.2 Naturgegebenheit des Kinderwunsches

"Wie natürlich ist der Kinderwunsch?" lautet der Titel eines Artikels, der sich mit der natürlichen Bestimmung von Frauen zur Mutter auseinandersetzt (Schmerl/Ziebell 1989, S. 35). Diese Frage betrifft alle weiteren zu behandelnden Komponenten des Kinderwunsches und wird daher vorab in diesem Grundlagenteil geklärt:

Im Gegensatz zum Tier ist der Mensch nur rudimentär mit angeborenen Verhaltensweisen ausgestattet und ist deshalb trotz erblicher Anlagen in seiner Beziehung zur Welt weitgehend entscheidungsfrei. Geschlechtsverkehr, Fortpflanzung und Aufzucht des Nachwuchses sind nicht genetisch determiniert, so daß menschliches generatives Verhalten nicht als biologisch festgelegtes, sondern soziales Handeln angesehen werden kann (Cromm 1985, S. 6 ff.):

"Das Soziale an der Fortpflanzung besteht über den bloßen Geschlechtsakt hinaus vor allem darin, daß der Mensch als reflektiertes Wesens zu sinnhafter Orientierung und in Bezug auf die Fortpflanzung zu einem bewirkenden, tätigen Verhalten fähig ist." (1985, S. 17).

In soziologischen und sozialpsychologischen Erklärungsansätzen zum Kinderwunsch wird angenommen, daß der Wunsch nach Kindern im Verlauf des Lebens erst hervorgebracht wird, während Studien der Medizin und Psychiatrie durchaus von einem biologisch determinierten, natürlichen Kinderwunsch von Frauen ausgehen (Jürgens 1975, S. 10; Amendt 1990, S. 6). Bei Anhängern einer naturalistischen Begründung des Kinderwunsches der Frau spielen äußere Modifikationen sowie psychische Faktoren nur eine untergeordnete bzw. keine Rolle.

Einigkeit besteht darüber, daß im Laufe der Jahrhunderte natürliche Aspekte des Kinderwunsches immer weiter in den Hintergrund getreten sind. So zeigt auch ein Blick in die Geschichte der Mutter-Kind-Beziehung, daß von einem instinktiven Pflegeverhalten und einem natürlichen Kinderwunsch der Mutter nicht die Rede sein kann: Die Tatsache, daß uns heute die bürgerlichen Mütter des 17. Jahrhunderts gefühlsroh und widernatürlich erscheinen, spricht gegen die Annahme einer triebgesteuerten weiblichen Natur und für die Einsicht, daß Mutterliebe und Kinderwunsch sozial erzeugt wurden und sich analog zu anderen Fähigkeiten entwickelt haben (Schmerl/Ziebell 1988, S. 25).

In feministischer Literatur zum Thema ist häufig der Vorwurf von patriarchalischer Ideologie zur Unterdrückung der Frau in der Propagierung der "Natürlichkeit des Kinderwunsches" zu finden. Ähnliche Forderungen wie folgende werden befürchtet:

"Wenn es in der Natur der Frau liegt, Kinder bekommen zu können, dann ist es nun wieder auch ihre natürlichste Pflicht, die Fähigkeit zu realisieren." (1988, S. 12).

Durch derartige Theorien fühlen sich Frauen zurecht zu "Gebärmaschinen" für die Zwecke des Staates und der Männer abgestellt (1988, S. 21). Unter Verweis auf die primitiven und damit naturnahen Frauen der Dritten Welt gehen Propagandisten des "natürlichen Kinderwunsches" sogar davon aus, daß Frauen aus Industrienationen ihren natürlichen Wunsch nach Kindern "als Folge einer Art Zivilisationskrankheit verloren bzw. eingeschränkt haben." (Ziebell e.a. 1992, S. 30). Anerkannt werden kann an dieser Argumentation lediglich die dabei angeführte Überlegung, daß der natürliche Wunsch nach eigenen Kindern von Frauen auch zur "geistigen Mütterlichkeit" sublimiert werden kann (1992, S. 30).

Naturgegeben ist der menschliche Sexualtrieb und die Tatsache, daß Frauen in der Lage sind, Kinder auszutragen, zu gebären und zu stillen. Sexualität und Kinderkriegen können jedoch aufgrund neuer Verhütungsmethoden von einander getrennt werden, so daß der Kinderwunsch als Gegenstand menschlicher Entscheidung die naturgegebene Abfolge von Sexualität und Schwangerschaft nun unterbricht (Wetterer/Walterspiel 1983, S. 15 ff.):

"Die Natur soll also gewissermaßen nur 'auf Abruf' zu ihrem Recht kommen. ... Erst mit dem Wunschkind im Bauch kommt die Natur zum Tragen." (1983, S. 18).

Außer dem biologischen Vorgang der Befruchtung scheint die Motivation zum Kind demnach nicht naturgegeben zu sein, sondern sich in psychischen, sozialen und individuellen Bereichen anzusiedeln (Mittag/Jagenow 1982, S. 99), die Gegenstand der weiteren Untersuchungen, insbesondere im Abschnitt über den "Kinderwunsch unter verschiedenen Aspekten", sein werden. In diesem Sinne ist auch folgende Aussage zu werten:

"Kinder werden im Kopf gemacht" (de Parseval/Janaud 1986, S. 16).

Die Natur spielt nur noch beim Zusammenhang von "Kinderwunsch und Körpererfahrung" (Kapitel 4.6), d.h., bei der triebhaften Lust am Erleben der Mutterschaft, eine gewisse Rolle.

3.3 Begriffsklärung Kinderwunschmotiv

Nachdem der natürliche Instinkt als Antrieb zur Elternschaft ausgeschlossen worden ist, die Natur nur als der die Fortpflanzung ermöglichende Faktor angesehen wurde, stellt sich nun die Frage nach der Motivation zum Nachwuchs und damit zuerst zum Motiv generell:

Als Motiv wird ein theoretisches Konzept zur Klärung von Verhalten verstanden, das auf ein befriedigendes Ziel bzw. auf die Vermeidung von Mißbehagen hinarbeitet (Krech/Crutchfield 1985, S. 15). Durch ein Motiv entsteht konkrete Bereitschaft zu einer bestimmten Handlung, die einen Spannungszustand innerhalb eines Organismus auflösen soll - es ist der Grund der Wahl (Arnold e.a. 1988, S. 1401; Fuchs 1975, S. 456; Lindworsky 1965, S. 38).

Dabei wird zwischen intrinsischer Motivation, d.h., von der Sache ausgehenden Reizen, und extrinsischer Motivation, d.h., außerhalb der Sache liegenden Reizen, unterschieden (Fuchs 1975, S. 457).

Verschiedene Erklärungsansätze menschlicher Motivation wurden von Maslow 1954 zu folgendem Modell vereinbart:

1. Physische Bedürfnisse, z.B. Hunger und Durst

2. Sicherheitsbedürfnisse, z.B. Schutz und Stabilität

3. Zugehörigkeits- und Liebesbedürfnisse, z.B. Zuneigung und Identifizierung

4. Wertschätzungsbedürfnisse, z.B. Prestige und Selbstachtung

5. Bedürfnis nach Selbstverwirklichung (aus Krech/Crutchfield 1985, S. 35).

Das Kinderwunschmotiv kann auf den Stufen 2 - 5 angesiedelt werden, wobei die zweite Ebene im Gegensatz zur Bedeutung von Kindern in früheren Zeiten zu vernachlässigen ist. Stufe 3 ist im Bezug auf den Kinderwunsch ein realistisches Bedürfnis, weil ein Kind nachvollziehbar eine Liebesbeziehung und Bindung darstellt. Die Erfüllung von Stufe 4 und 5 durch ein Kind wird jedoch problematisch erachtet und im Verlauf der Arbeit noch kritisch beleuchtet.

Die elementaren physischen Bedürfnisse der ersten beiden Stufen werden im deutschen Sprachgebrauch noch nicht als "Motive" bezeichnet (Arnold e.a. 1988, S. 1401). Vor der Ausbildung der höhergelegenen Motive der letzten drei Stufen müssen erst die sogenannten "niederen" biologischen Bedürfnisse befriedigt sein (Krech/ Crutchfield 1985, S. 35). Erst nach der Biologie kommt die Psychologie ins Spiel und damit das Motiv - mit den Worten von de Mause:

"Nur eine Psyche kann ein Motiv haben ..." (de Mause 1989, S. 19).

Neben der Berücksichtigung von Motiven der Ebenen 3 - 5 in Maslows Modell wird bei der Untersuchung von Kinderwunschmotiven besonders den unbewußten Motiven Beachtung geschenkt, denn die Motivation zu einer Handlung kann sowohl bewußt als auch unbewußt sein. Seit Ende des 19. Jahrhunderts wird mit Freuds Theorien in der unbewußten Motivation sogar der wahre Grund mancher Verhaltensweisen gesehen (Krech/Crutchfield 1985, S. 15 ff.). Interessant ist hierbei, daß sich eine Person über die eigenen Motive auch täuschen kann (Fuchs 1975, S. 48):

"Der Kinderwunsch ist nun mal alles andere als eine rationale Angelegenheit ..." (de Parseval/Janaud 1986, S. 38).

Diese Erkenntnis unterstützt bereits die dritte der am Ende von Kapitel 2.4 aufgeführten Thesen über die Täuschung im Kinderwunsch.

Bei Lindworsky läßt sich das Motiv auf jene Fälle einschränken, in denen die Selbstbeobachtung das Bewußtsein für einen Wert bildet (Lindworsky 1965, S. 37 ff.). Da sich dies bei der "Kinderfrage" nicht so einfach ermöglichen läßt, müssen die

Motive für oder gegen Kinder aus den Zielen und Begründungen abgeleitet werden, d.h., Kinderwunschmotive, Kinderverweigerungsmotive und die Position des Kinderwunschmotives innerhalb des individuellen Motivationsgefüges sind zu erfragen (Wingen 1980, S. 154). Daher stützt sich dieser Beitrag im Hauptteil auf umfangreiche Literatur, die auf Befragungen und Erhebungen im oben genannten Sinne basiert.

Um den komplexen Bereich der Motivation zu Kindern veranschaulichen zu können, wird im nächsten Kapitel ein Modell generativer Verhaltensweisen vorgestellt.

3.4 Modell generativen Verhaltens

Vor der Untersuchung verschiedener Aspekte des Kinderwunsches und einer empirischen Untersuchung zum Thema wird ein Überblick über die das generative Verhalten grundsätzlich beeinflussenden Faktoren anhand eines Modells gegeben. In einer Studie der "Gesellschaft für angewandte Sozialpsychologie" mit dem treffenden Titel "Kinder - das unbequeme Glück" entwickelten Wissenschaftler folgendes Modell generativer Verhaltensweisen (Toman e.a. 1979, S. 46):

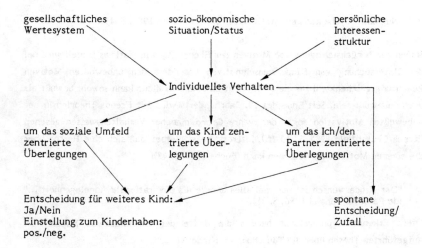

Die erst Ebene bildet die Entscheidungsgrundlage, die mittlere das Entscheidungsverhalten sowie das Problembewußtsein, die dritte das Entscheidungsergebnis (1979, S. 46).

Von Rosenstiel hat in einem ebenso an der Einzelperson bzw. dem Paar orientierten Motivationsmodell die Intention zu Kindern untersucht (von Rosenstiel 1984, S. 22):

Die Bedingungen des gesellschaftlichen Wertesystems nennt er "normativen Druck von außen", d.h., Meinungen von Bezugspersonen und der Umwelt allgemein. Die Überlegungen hinsichtlich der sozio-ökonomischen Situation bezeichnet er als "extrinsischen Wert von Kindern". Dahinter steht die Überlegung über die Bedeutung des Kindes für die Lebenswerte der Eltern und ob bzw. wie sie mit diesen realisiert werden können. Die persönliche Interessenstruktur wird "intrinsischer Wert von Kindern" genannt. In diesem spiegelt sich der emotionale Wert von Kindern und das Interesse an ihnen wider (1984, S. 22 ff.; Jürgens 1975, S. 18).

Bei der Klärung von individueller Motivation zu Kindern werden der "intrinsische" und der "extrinsische" Wert von Kindern von besonderem Interesse sein. Daher werden beide Werte in einer Übersicht nochmals veranschaulicht:

a) Intrinsischer Wert (Eigenwert von Kindern)

    z.B. Freude, Sicherheit, Lebensinhalt, Selbstverwirklichung, Spaß, Liebe

    Intrinsischer Gegenwert

    z.B. Belastung, soziale Isolation, Beschränkung von Freiheit und Freizeit, Verantwortung

b) Extrinsischer Wert (Mittel-Zweck-Denken)

    z.B. Altersversorgung, Arbeitskraft, Prestige (beh. Normalität ?!)

    Extrinsischer Gegenwert

    z.B. Kosten, berufliche Nachteile, finanzielle und ideele Einbußen, Beengung der Wohnverhältnisse (Baiter 1985, S. 263).

Beim Überblick über die verschiedenen, den Kinderwunsch bestimmenden Faktoren ist deutlich geworden, daß - wie bereits festgestellt - unbewußt oder bewußt die Psychologie wohl eine vorherrschende Rolle spielt, wenngleich sie sich als eigentliche Wissenschaft vom Erleben im Vergleich zu anderen Disziplinen wenig mit dem Phänomen auseinandersetzt (Oppitz e.a. 1983, S. 390). Daher wird mit der vorliegenden Untersuchung versucht, in diesem Bereich zu weiterer Klärung beizutragen.

Trotz der Darstellung eines Modells sollte nicht der Eindruck erweckt werden, als lasse sich die "Kinderfrage" in ein Schema einordnen oder durch irgendwelche Normen und Werte gesellschaftlich vorherbestimmen, wie sich dies Bevölkerungswissenschaftler beispielsweise bei der Erforschung von Gründen für den Geburtenrückgang wünschen würden.

Der weiteren Vorgehensweise liegt das unter anderem von Toman entwickelte Modell generativen Verhaltens zugrunde, anhand dessen nun die weiteren Schritte erläutert werden:

Im Anschluß an die diesen Grundlagenteil abschließende Darstellung einer empirischen Untersuchung zum Kinderwunsch werden die die Entscheidungsgrundlagen bildenden Kinderwunschmotive unter verschiedenen Aspekten untersucht (1. Ebene des Modells). Das Entscheidungsverhalten (2. Ebene des Modells) wird unter besonderer Berücksichtigung der "spontanen Entscheidung" bzw. des "Zufalls" im Abschnitt über die Erfüllung des Kinderwunsches aufgegriffen. Zuletzt werden als Entscheidungsergebnis (3. Ebene des Modells) die Alltagsbedingungen mit einem Kleinkind dargestellt und Auswirkungen ausgewählter Kinderwunschmotive auf die Entwicklungsbedingungen der Kinder diskutiert.

3.5 Empirische Untersuchung zum Thema

Von Braunmühl befragte 294 Schüler zwischen 8 und 13 Jahren zu ihrem Kinderwunsch und wertete die Angaben unter dem Gesichtspunkt der Kinderfeindlichkeit aus (Braunmühl 1975, S. 44 ff.).

Diese Untersuchung greift die zur Erörterung des Themas maßgeblichen Kriterien auf und wird daher ausführlich dargestellt. Sehr aufschlußreich sind gerade die Äußerungen von Kindern zum Kinderwunsch, weil diese generell - und insbesondere in dieser intimen Frage - offener, ehrlicher, spontaner und unbelasteter antworten als Erwachsene. Es können somit ernstzunehmende Ergebnisse erwartet werden.

Von den befragten 294 Schülern wollten 237 später mal Kinder (80 %), 52 lehnten die zukünftige Elternschaft ab (18 %) und 5 waren noch unentschlossen (2 %). Diese Ergebnisse machen deutlich, daß der Kinderwunsch unter Kindern der Regelfall ist, er offensichtlich bereits in den ersten Jahren gesellschaftlich anerzogen und damit zur

Selbstverständlichkeit geworden ist. Man könnte anhand dieses Befragungsergebnisses auch zu der Behauptung gelangen, daß der positive Kinderwunsch in erster Linie kindlich naiv geblieben ist und dies ohne zeitweilige Reflektion und der damit verbundenen temporären Aufgabe des Wunsches im weiteren Leben auch bleibt. Denn erst durch die Distanz zum Wunsch kann eine bewußte positive Entscheidung möglich werden. Die als realistisch und verantwortungsvoll einzuschätzende Unentschlossenheit hinsichtlich einer erst Jahrzehnte später zu treffenden Entscheidung ist unter den befragten Kindern verschwindend gering. Hier zwei der wenigen realistischen Äußerungen auf die Frage "Möchtest Du einmal Kinder?":

"Ich weiß es noch nicht. Vieleicht ausn Weißnhaus (!)."

"Vielleicht. Das weiß ich jetzt noch nicht, ich bin ja selber noch ein Kind." (1975, S. 60).

Das Konfliktpotential im Kinderwunschmotiv wird anhand der dargestellten Zahlen und Werte transparent.

Im Einzelnen wurden für den Kinderwunsch folgende Gründe genannt:

a)	Angst vor Einsamkeit, Langeweile	89 mal
b)	Wunsch nach Spielkamerad	65 mal
c)	Findet Kinder nett, hat sie gern	59 mal
d)	Wunsch nach einer Hilfe	41 mal
e)	Lust am Erziehen, Kommandieren	33 mal
f)	Familientradition	28 mal
g)	Bedürfnis, für jemanden da zu sein	15 mal

(1975, S. 44)

Welche Motivgruppen kinderfeindlich sind, läßt sich nicht ohne weiteres beurteilen. So muß einerseits Punkt a) nicht unbedingt kinderunfreundlich sein, kann sich andererseits aber hinter Punkt g) die Problematik des Pflegetriebes mit starkem Besitzanspruch verbergen (Braunmühl 1975, S. 51).

Sogar die Ansicht, Kinder seien böse und hinterhältig, wird auf der einen Seite zum Grund gegen Kinder, auf der anderen aber auch zur Herausforderung an erzieherische Ambitionen und damit des Erziehens willen zum Grund für gewollte Elternschaft (1975, S. 52). Auch muß überquellende Kinderliebe und ein starker triebhafter Wunsch nach Kindern keineswegs kinderfreundlich sein, weil statt der Bedürfnisse der Kinder möglicherweise dann die der Eltern am Kind im Mittelpunkt stehen (1975, S. 54).

Die Gegenüberstellung von kinderfreundlich einzuordnenden Gründen (a) und kinder-feindlichen (b) macht die Schwierigkeit der Abgrenzung nochmals deutlich:

a)   Man kann mit Kindern spielen
b)   Man muß mit Kindern spielen

a)   Kinder helfen bei der Arbeit
b)   Kinder verursachen Arbeit

a)   Mit Kindern weiß man, wofür man Geld verdient
b)   Kinder kosten Geld (beides häufige Gründe) (1975, S. 52).

Die entscheidende Frage bezüglich der Kinderfeindlichkeit in den genannten Gründen ist, ob die positive Einstellung zum Kind im Vergleich zu anderen Einstellungen dieses Menschen einen so hohen Rang einnehmen, daß diese im Interessenkonflikt nicht von den anderen Einstellungen überdeckt wird. Den hierbei anzulegenden Maßstab bildet die Frage, ob zukünftige Eltern entschlossen und fähig sind, ihr Wunschkind vorbe-haltlos anzunehmen und es mit keinerlei Mißtrauen zu konfrontieren (1975, S. 46 ff.).

Braunmühl hat die "vorbehaltlose Annahme" von späteren Kindern anhand von Schüleraufsätzen zum Kinderwunsch kategorisiert. Die am prägnantesten erschein-enden Aussagen zu den einzelnen Kategorien werden beispielhaft im folgenden aufgeführt:

- Kategorie neutral:

13 Jahre, männlich: "...weil einer mal meine ganzen Sachen erben muß."
13 Jahre weiblich: "Kinder sind nette Artgenossen."

- Kategorie mißtrauisch:

10 Jahre, männlich: "Weil man stolz auf sein Kind sein kann. Sie müssen aber brav sein. Am liebsten möchte ich zwei Buben haben. Sie sollen gescheiter sein als ich, aber sie sollen folgen, sonst setzt es was."

- Kategorie positiv:

14 Jahre, männlich: "Ich möchte mein Kind als Kumpel behandeln und nicht so als klugscheißender Vater. Ich möchte auch keine Gewalt anwenden..., sondern das Kind soll gleichberechtigter Partner sein." (1975, S. 49 ff.)

Vorbehaltlose Annahme der zukünftigen Kinder ist als Empathie im Kinderwunsch anzusehen, während das Mißtrauen auf eine Täuschung im Kinderwunsch hinsichtlich der Realität der Elternschaft bzw. mangelnde Empathie im Kinderwunsch hindeutet. Empathie im Kinderwunsch läßt gute Bedingungen für zukünftige Kinder erwarten, die genutzt werden sollten. Gefahr für das Kindeswohl ist bei Mißtrauen bzw. bei der Täuschung im Kinderwunsch zu befürchten, was daher zu vermeiden ist.

Es wird in den folgenden Kapiteln versucht, darzustellende Kinderwunschmotive unter den zuletzt aufgezeigten Kriterien zu analysieren und damit auf die Grundthesen des Beitrags einzugehen. Denn "die Weichen für die künftige Behandlung eines Kindes können bereits vor der Geburt, d.h., im Stadium des Wunsches nach einem Kind, gestellt werden." (Janov 1977, S. 15).

4. Kinderwunsch unter verschiedenen Aspekten

Mit der Darstellung verschiedener, für zentral erachteter Aspekte beim Wunsch nach Kindern beginnt die Erörterung der ersten Ebene des in Kapitel 3.4 vorgestellten Modells zum generativen Verhalten, welche die Entscheidungsgrundlage bildet. Die gewählten Aspekte des Kinderwunsches sind auf die von Toman entwickelten Entscheidungsfaktoren abgestimmt, d.h., beziehen sich auf das gesellschaftliche Wertesystem, den sozioökonomischen Status sowie die persönliche Interessenstruktur.

Vorauszuschicken ist der Hinweis, daß bewußte Auseinandersetzung mit dem eigenen Kinderwunsch und eine offene Diskussion in der Partnerschaft zu diesem Thema meist nur dann stattfindet, wenn zum Kinderwunsch gegensätzliche Auffassungen unter den Partnern bestehen. Vielfach fällt die Entscheidung für oder gegen das Kind ohne besondere Reflexion als zufälliges oder konventionelles Nebenprodukt im Fluß des Lebensplanes (Ziebell c.a. 1992, S. 200).

4.1 Kinderwunsch und Biographie

Inwiefern der Kinderwunsch des zeugungsfähigen Erwachsenen durch dessen Biographie beeinflußt wird, soll anhand des Einflusses seiner Vergangenheit und der Erwartungen für die Zukunft sowie aufgrund der Generationsverhältnisse in der Familie geklärt werden.

Wie bereits die Betrachtung der Erwartungen von Eltern an ihre Kinder in Kapitel 2.4 gezeigt hat, spielt die eigene Kindheit in bezug auf den Kinderwunsch eine entscheidende Rolle. Das Erleben der Kindheit und der Eltern kann sich sowohl positiv als auch negativ auf den Kinderwunsch auswirken (Schmitz-Köster 1988, S. 48 ff.):

Wer selbst nie mit Wärme und Liebe erfüllte Familienverhältnisse erlebt hat, verknüpft gegebenenfalls mit einem Kind die Hoffnung auf die Wunschfamilie, somit auf die Befriedigung ungestillter Bedürfnisse aus der Vergangenheit (Janov 1977, S. 15; Biermann-Vender 1987, S. 34; Döhring/Kreß 1986, S. 148 f.). In diesem Sinn sind auch die Gedanken von Phyllis Chesler während ihrer Schwangerschaft zu werten:

"Du wirst meine Mutter sein, meine Familie." (Chesler 1980, S. 12).

Das Kind wird zum "affektiven narzistischen Potential" (de Parseval/Janaud 1986, S. 19), mit dessen Hilfe man in ein Nest oder eine Höhle regredieren kann. Auch ist ein oft bedeutungsvolles Motiv für Kinder, es besser machen zu wollen als die eigenen Eltern (Döhring/Kreß 1986, S. 148).

Neben den Gründen für Kinder als Ausgleich für eine entbehrungsreiche Kindheit können negativ empfundene Familienverhältnisse zu einer kritischen Distanz zum Kinderwunsch führen. Man will nicht in derselben Weise leben müssen wie die bemitleidete eigene Mutter oder erkennt selbstkritisch die Probleme der eigenen Persönlichkeit als Folge von Kindheitserlebnissen an und will diese Defizite nicht an die nächste Generation weitergeben (Beck-Gernsheim 1984, S. 100):

"Ich bin sehr unsicher, habe daraus aber einen Vorteil gemacht ... Allerdings möchte ich diesen Komplex nicht weitergeben." (aus McKaughan 1990, S. 59 f).

Bei Töchtern von Müttern mit ablehnender Haltung zu Sexualität und Kinderwunsch - demnach ungewollten Kindern - kann häufig ebenfalls eine negative Haltung zum eigenen Kinderwunsch registriert werden (Amendt 1990, S. 45). Auch bei Mädchen aus geschiedenen Ehen ist ein deutlicher Lerneffekt spürbar, denn sie ziehen oft die

Selbständigkeit der Heirat und Mutterschaft vor (Beck-Gernsheim 1988, S. 74; Pelz 1988, S. 235). Zudem ist die Rolle der Mutter in der Familie den Töchtern bei der Entscheidung zum Kind meist vor Augen (Amendt 1990, S. 45; Pelz 1988, S. 238):

"...ich will mal nicht so leben wie meine Mutter, die eben Hausfrau und Mutter war. ... Wenn ich ... sagte, ich will keine Kinder, hat meine Mutter immer gelächelt, aber ich merkte eindeutig, daß sie sehr traurig darüber war. So in den letzten ... Jahren begreift sie ein Stück weit, warum ich keine Kinder will. Aber sie weiß natürlich, daß mein Leben auch eine Kritik an ihrem Leben enthält." (aus Beck-Gernsheim 1984, S. 124 f.).

Die Erfahrung im Umgang mit kleinen Kindern in Kindheit und Jugend kann ebenfalls einen entscheidenden Faktor bei der Ausprägung des Kinderwunsches abgeben (Schmitz-Köster 1988, S. 9). Maßgeblich ist mitunter der Platz in der familiären Hackordnung. Eine amerikanische Studie ergab, daß sich die älteste Tochter beispielsweise weniger häufig Kinder wünscht als ihre jüngeren Geschwister. Einzelkinder haben danach das geringste Bedürfnis nach Kindern. So möchten 50 % der Einzelkinder und 55 % der ältesten Kinder gern ein Kind, während der Kinderwunsch bei mittleren oder jüngeren Geschwistern zu 67 % ausgeprägt ist (McKaughan 1990, S. 62).

Allgemein besteht schließlich die Tendenz bzw. die Möglichkeit, sich bewußt oder unbewußt mit der eigenen Kindheit oder mit dem Kind in sich auseinanderzusetzen (Döhring/Kreß 1986, S. 70).

Bezüglich der Erwartungen für später gilt generell, daß das Kind allgemein als Symbol für die Zukunft zu werten ist (Döhring/Kreß 1986, S. 22; de Parseval/Janaud 1986, S. 18). "Im Kind wehrt sich das Ich gegen die Drohung der Sterblichkeit" (Döhring/Kreß 1986, S. 72), denn durch Kinder lebt etwas von einem selbst weiter (Janov 1977, S. 19):

"Du bist mein Abgesandter an das nächste Jahrhundert." (Chesler 1980, S. 10).

Neben der Freude am Leben und Weitergeben als entscheidendes Motiv für Kinder werden diese oft auch aus Angst vor Einsamkeit im Alter in die Welt gesetzt, wenngleich sich diese Hoffnung nur selten bewahrheitet (Biermann-Vender 1988, S. 35; Ziebell e.a. 1992, S. 171).

Kinder fungieren teilweise zur Verbesserung des Prestiges ihrer Eltern, indem sie das leisten sollen, was die Eltern in ihrem Leben nicht erreicht haben. So kann z.B. auch die Hoffnung auf einen Sohn um jeden Preis als unbewußtes Machtstreben für die Zukunft gedeutet werden (Beck/Beck-Gernsheim 1990, S. 138; Döhring/Kreß 1986, S.148).

Im Zusammenhang mit der Biographie eines Menschen ist auch die Funktion des Kinderwunsches innerhalb der Familie zu sehen. Ein von den eigenen Eltern ersehntes Enkelkind wirkt nicht selten konfliktlindernd bei vorhandenen Spannungen zwischen den Generationen (Bullinger 1990, S. 31). Der Familie den ersehnten Nachwuchs zur Sicherung der Erbfolge und Weiterführung der Familientradition zu schenken, bietet auch den sogenannten "schwarzen Schafen" der Familie die Möglichkeit, statusgemäße Erwartungen zu erfüllen, die in anderen Bereichen ausblieben (Pelz 1988, S. 238). Die besonders von den älteren Generationen noch oft verpönte Ablehnung der Elternschaft bedeutet auch gleichzeitig die Schuld, den eigenen Eltern kein Enkelkind schenken zu wollen (de Parseval/Janaud 1986, S. 29). Umgekehrt ist die Freude, den Eltern ein Enkelkind oder der Familie den Stammhalter zu schenken, ein verbreitetes Phänomen und deshalb eine nicht zu unterschätzende Komponente beim Kinderwunsch (Beach e.a. 1977, S. 17).

Die wesentlichen Aspekte der Biographie beim Kinderwunsch sind in folgender Aussage eines werdenden Vaters zusammengefaßt:

"Ein Kind tröstet und nimmt teil an deinem Leben; es ist da und es ist Wärme, Freude, Zärtlichkeit. Man stirbt weniger schnell, wenn man Vater ist, und man stirbt nicht ganz allein; es ist jemand da, für den man arbeitet, für den man sein Bestes gibt. In seinem Kind lebt man weiter, hat vielleicht auch eine Stütze im Alter. ... Ich selbst habe meinen Vater sehr früh verloren, und damit hängt das, glaube ich, alles zusammen. Ich habe Lust, Vater zu sein." (aus de Parseval/ Janaud 1986, S. 15).

Die meisten der aufgeführten Aspekte dieses Kapitels sind gemäß Braunmühls Kategorien als relativ neutral einzustufen. Lediglich die Komponenten, bei denen das Kind einen konkreten Zweck erfüllen soll, z.B. das Prestige der Eltern aufbessern oder Familienkonflikte lösen, lassen Mißtrauen in bezug auf das Wohl des Kindes aufkommen und deuten auf mangelnde Empathie im Kinderwunsch hin.

4.2 Kinderwunsch und Selbstbewußtsein

Aus der pädagogischen und psychologischen Wissenschaft ist bekannt, daß die Erfahrungen der Kindheit, besonders die der ersten drei Jahre, für die Bildung des Selbstwertgefühls wichtig sind. Bei der Behandlung des biographischen Aspektes im Kinderwunsch ist deshalb in gewissem Sinne mit der Bedeutung des Einflusses von Kindheitserlebnissen auch bereits die Ausbildung des Selbstwertgefühls tangiert worden.

Im vorliegenden Kapitel wird nun die Hoffnung auf die Verbesserung des Selbstwertgefühls im Bezug auf die gegenwärtige Situation eines Menschen im Mittelpunkt stehen.

Wie bereits die Betrachtung der "Entwicklung der Kinderfrage" gezeigt hat, sind äußere Zwänge bei der Entscheidung zum Kind in den Hintergrund getreten. Heute zählen in dieser Frage eher innere Werte, wie z.b. Neugier, Narzißmuß, Eigenliebe oder Selbstvertrauen (Leyrer 1989, S. 92). Diese sind nicht so leicht greifbar wie äußere Anhaltspunkte:

"Es fällt schwer, manche Gründe zu benennen, anscheinend haben wir dafür nicht einmal die passenden Worte." (S. 92)

Das eigene Selbstwertgefühl kann durch ein Kind gesteigert werden, indem das Ich-Ideal an das Kind delegiert wird, das Kind Leistungsträger für eigene Defizite werden soll (Bullinger 1990, S. 140; Biermann-Vender 1987, S. 19). Besonders die Jugend gilt hier als "Projektionsleinwand" für unausgelebte Wünsche, deren Tendenzen sich dann in den Erwartungen im Kinderwunsch wiederfinden lassen (Beck/Beck-Gernsheim 1990, S. 139).

Auch ist das Gefühl, für jemanden wichtig zu sein, für einen Menschen den Lebensmittelpunkt darzustellen, als Stärkung des Selbstbewußtseins nicht von der Hand zu weisen. Denn es wird meist als befriedigend empfunden, für ein kleines Wesen Verantwortung zu tragen und für es zu sorgen: Gebrauchtwerden verleiht Lebenssinn (Schmitz-Köster 1987, S. 115; Beck-Gernsheim 1989, S. 38).

Ein Kind verspricht, in der unüberschaubaren modernen Lebenswelt Halt und Lebensinhalt zu sein, "weil es eine Bindung verheißt, die so elementar, umfassend und unauflöslich ist, wie sonst keine in dieser Gesellschaft." (1984, S. 76). Besonders das

Kleinkind bietet als zärtliches, hilfloses Wesen eine enge Beziehung. Deshalb neigen manche Mütter immer dann zu weiteren Kindern, wenn die älteren aus dem Kleinkindalter herausgewachsen sind (Leyrer 1989, S. 133) - ein Anhaltspunkt für die egoistische Komponente im Kinderwunsch. Andererseits kann die Lebensform ohne Kinder als egoistisch und auf die Dauer als steril empfunden werden, weil sich dabei alle Interessen um die eigene Person zentrieren.

An ein Kind sollte im Gegensatz zu der letztgenannten Lebensweise in Selbstaufgabe Liebe und Freude weitergegeben werden (Beck-Gernsheim 1989, S. 39). Doch auch hier gerät der egoistische Aspekt im Kinderwunsch nicht aus dem Blickwinkel: Denn "weil man Kinder liebt" muß kein Grund für eigene Kinder sein, da man auch die Kinder lieben kann, die bereits auf der Welt sind (Leyrer 1989, S. 92). Man darf an dieser Stelle somit den Narzißmus in der Spiegelung des Selbst im leiblichen Kind nicht vergessen - die Sehnsucht, "ein Kind aus eigenem Blut zu spinnen." (Chesler 1980, S. 18). Außerdem werden durch ein leibliches Kind die Zweifel an der eigenen Fruchtbarkeit bzw. der Zeugungsfähigkeit ausgeräumt, Weiblichkeit oder Männlichkeit können zur Stärkung der eigenen Position demonstriert werden (Janov 1977, S. 18):

"Es hat mein Selbstbewußtsein sehr gestärkt, daß ich Mutter wurde. Das hat mich praktisch zur Frau gemacht, vollwertig." (aus Kerner 1985, S. 26).

Der Kinderwunsch darf jedoch nicht in jedem Fall als Hilfe zur Stärkung des Selbstwertgefühls angesehen werden. Vielmehr kann ein starkes Selbstbewußtsein auch als "Quelle" des Kinderwunsches wirken, was zum Wohle des Kindes nur von Vorteil sein kann:

"Ich hatte das Gefühl, ich bin weit genug gewachsen, ich kann es mir erlauben, ein Kind zu kriegen." (Biermann-Vender 1987, S. 33).

Das Kind wirkt gegebenenfalls also auch als Abschluß einer persönlichen Entwicklung, als Demonstration der Selbstbefreiung, des vollständigen Erwachsenseins und der inneren Reife (Beck-Gernsheim 1988, S. 128 f.). Diese als bewußt anzuerkennende Entscheidung zum Kind birgt jedoch die Gefahr der zu langen Reflektion über sich selbst und der dadurch bedingten Entscheidungsunfähigkeit in sich.

Zur Empathie bereits im Kinderwunsch ist jemand meines Erachtens nur dann fähig, wenn er vorher die Verantwortung für sein Leben übernommen hat und nicht mit Hilfe eines Kindes sein Leben zu meistern gedenkt. Daher kann die abschließend aufgeführte Äußerung eines späteren Vaters von zwei Kindern nur unterstützt werden:

"Ich kann erst die Verantwortung für ein Kind übernehmen, wenn ich selbst reif dazu bin, ich möchte erst vom Leben etwas gehabt haben, um mein Kind nicht später mit meinem Nachholbedürfnis zu belasten." (Hoffmann 1988, S. 30 f.).

4.3 Kinderwunsch und Selbstverwirklichung

Inhalt dieses Kapitels sind die mit dem Kinderwunsch verbundenen Vorstellungen, inwiefern das Leben durch ein Kind bereichert werden kann bzw. die Bedenken, daß Entfaltungsmöglichkeiten durch die Elternschaft eingeschränkt werden könnten.

Der Reiz des Kinderhabens wird durch den "intrinsischen Wert" (vgl. Kapitel 3.4) von Kindern verursacht, der die Hoffnung auf Bereicherung des Lebens in sich birgt. Dazu folgende Stimmen zur Veranschaulichung:

"Wo sieht man so viel Lebensenergie und Lust wie bei einem Kind." (aus Beck/Beck-Gernsheim 1990, S. 139).

"Kinder machen Menschen." (aus Schlagheck 1989, S. 9).

"Kinder verkörpern ... Aspekte wie Leben und Lebendigkeit, Natur und Ursprünglichkeit ..." (aus Schmitz-Köster 1987, S. 106).

"Kinder öffnen einem die Augen. ... Man kann viel von Kindern lernen." (aus Kerner 1985, S. 26).

"Niemand verzeiht so großmütig wie ein Kind, niemand gibt uns so viele Chancen. Plötzlich erfahren wir gründlicher als in jedem klugen Buch, was Humanität ist." (aus Roos/Hassauer 1982, S. 221).

Das in den Äußerungen geschilderte herzerfrischende Wesen von Kindern weckt die Hoffnung auf die Wiederentdeckung eigener vergessener Fähigkeiten und Erinnerungen sowie die Vorfreude auf den Umgang und das Zusammensein mit ihnen (Biermann-Vender 1987, S. 36; Hoffmann 1988, S. 13):

"Ich möchte ... mit ihm zusammen die Welt neu entdecken und auf den Kopf stellen. Ich möchte mit ihm lachen, singen und schmusen, mich öffnen für die Kinderwelt der Träume, Märchen und uneingeschränkten Wünsche." (aus Beck-Gernsheim 1988, S. 134).

In ähnlicher Weise schildert auch der Psychoanalytiker und fünffache Großvater Horst
Eberhard Richter die Bereicherung seines Lebens durch die Kinder:

"Weder meine Frau noch ich hätten in den letzten 15 bis 20 Jahren manche
politischen Lernschritte geschafft, wenn wir nicht durch den Dialog mit unseren
Kindern dazu gebracht worden wären." (aus Roos/Hassauer 1982, S. 13).

Kinder werden auf der einen Seite zwar als positiv und faszinierend empfunden, doch
steht der Bereicherung des Lebens durch die Kinder auf der anderen Seite auch das
Wissen um die Belastung und die Einschränkungen, wie z.B. Einkommensreduzierung
oder Freizeitbeschränkungen (vgl. Kapitel 3.4), gegenüber (Schmitz-Köster 1987, S.
106; Beck-Gernsheim 1988, S. 121; Beck-Gernsheim 1984, S. 72; Ayck/Stolten 1978, S.
117). Denn folgende Äußerung eines Vaters wird im Alltag leider nicht immer gelten
können:

"Für die Belastung entschädigt mich ihr Lachen." (Hoffmann 1988, S. 33).

Es hat den Anschein, als ob die Aufwertung der Bedeutung des Kindes einen Gegenpol
zur Emanzipationsbewegung darstellt. Das Kind wird zwar von dieser Seite als Fessel
der Frau zum Nutzen des Patriarchats gesehen, gewinnt jedoch gleichzeitig an
Anziehungskraft, die eine neue Form des Kinderwunsches im Erleben von Kindern
entstehen läßt.(Wetterer 1983, S. 8; Beck-Gernsheim 1984, S. 79).

Neben den Erfahrungen mit dem Kind kann das Erlebnis der Elternschaft, insbesondere der Mutterschaft, an sich bereits eine Möglichkeit der Selbstverwirklichung
darstellen:

"Ohne Kind nimmst du dir eine der wichtigsten Erfahrungen im Leben, du
schöpfst deine Möglichkeiten nicht aus." (aus Beck-Gernsheim 1988, S. 137).

Demnach sind vor allem die Frauen daran interessiert, alle Möglichkeiten ihres
Lebens auszuschöpfen, nichts zu verpassen und neugierig zu sein (Biermann-Vender
1987, S. 36):

"Ich habe so vieles im Leben schon gemacht und probiert, nur das noch nicht. Und
es ist eben eine neue Erfahrung, die ich mir einfach gönnen will." (aus Kerner
1985, S. 176 f.).

"Irgendwo tief drinnen war ich mir sicher, daß ich mir Kinder als einen ständigen
Bestandteil meines Lebens wünschte: Ihre Energie, ihre Direktheit, ihr anar-

chisches Wesen ... . Ich wollte nicht, daß mein Leben verginge, ohne daß ich mich auf diese Erfahrung eingelassen hätte. Ich wollte mein ganzes Leben ausleben, alles ausprobieren, wozu mein Körper fähig war: Tanzen, Lieben, Kinderkriegen." (aus Beck-Gernsheim 1984, S. 77).

Heute empfindet die Frau Mutterschaft nicht mehr nur als notwendige Last, sondern verwirklicht sich selbst in der Lust am Erleben von Schwangerschaft, Geburt und dem Stillen - der Freude an der Ernährung von Leben ausschließlich durch den eigenen Körper (Wetterer 1983, S. 8; Chesler 1980, S. 145). Letzteres ist bereits zur feministischen Forderung der "neuen Mütterlichkeit" geworden (Beck/Beck-Gernsheim 1990, S. 138):

"Frauen werden nichts Wesentliches in ihrem Beruf, in der Gesellschaft, für sich selbst und für andere verändern, solange sie die Fähigkeit, die ihnen eigen ist, verachten: Leben zu geben und lieben zu lassen. Denn solange Frauen Mütter verachten, verachten sie sich selbst." (Walterspiel 1983, S. 111).

Frauen sollen demnach in der Mutterschaft nicht die Selbstverleugnung, den physischen und den sozialen Niedergang sehen, sondern die "Chance, dem Leben auf neue und tiefere Weise verbunden zu sein, daran weiser und stärker zu werden, nutzen." (Dorwick/Grundberg 1982, S. 35).

Im Kind wird schließlich auch ein gesunder Ausgleich zu unserer Industriegesellschaft gesehen, indem es ein Gegengewicht zu Konkurrenz, Karriere, Tempo, Disziplin, Leistungsdrill und Technik bildet - "Natürlichkeit von Kleinkindern in einer sonst eher unnatürlich gewordenen Umwelt." (Beck/Beck-Gernsheim 1990, S. 140).

Statt intellektuelle Fähigkeiten im Beruf einzusetzen, suchen Frauen den körperlichen und seelischen Ausgleich in der Mutterschaft zur Erfüllung ihres Daseins (Dessai 1985, S. 51). Im Hausfrauenleben wird - zumindest temporär - die Selbstverwirklichung in freier Zeiteinteilung und Nähe zum Kind gesehen (Urdze/Rerrich 1981, S. 63). Gleichzeitig scheuen zufriedene Berufstätige die Mutterschaft, weil sie eine Beschneidung ihrer Selbstverwirklichung durch ein Kind fürchten. Der Verzicht auf doppeltes Einkommen und die freie Gestaltung von Urlaub und der Freizeit generell fällt dabei besonders schwer (McKaughan 1990, S. 52 f.).

Es zeichnen sich zwei Tendenzen ab: Der Kinderwunsch aus Mangel zur Verbesserung der Lebenssituation oder aus Stärke als zusätzliche Bereicherung einer befriedigenden Situation.

So ist beispielsweise nach langweiligem, unbefriedigendem oder zu anstrengendem Berufsleben ein Kind die willkommene Möglichkeit zur Selbstverwirklichung in weniger entfremdender Arbeit bzw. als Stifter von Lebenssinn bei genereller Unzufriedenheit oder enttäuschter Lebenserwartungen (Biermann-Vender 1987, S. 36; Bullinger 1986, S. 107).

Bei zufriedenstellendem Leben ohne Kind bedeutet Elternschaft oft den Kompromiß zwischen Selbständigkeit und dem "Erlebnis Kind" zur optimalen Ausschöpfung der Selbstverwirklichungsmöglichkeiten unter Berücksichtigung der Belastungen durch Kinder (Ayck/Stolten 1978, S. 65). In solchen Konstellationen fällt daher häufig die Entscheidung zugunsten eines Einzelkindes als Mittelweg zwischen Elternrolle und anderen Betätigungsfeldern bzw. zwischen Mutterrolle und Emanzipation (Wingen 1980, S. 125):

> "Ich habe nicht den Mut zu einem zweiten Kind. Ich möchte auch für mich noch ein Zipfelchen übrigbehalten." (aus Beck-Gernsheim 1984, S. 73).

4.4 Kinderwunsch und Partnerschaft

Um den Einfluß von Partnerschaftswünschen auf den Kinderwunsch bestimmen zu können, werden die Beziehung zum Kind als eine Art von Partnerschaft, die Bedeutung des Kinderwunsches für eine bestehende Partnerschaft sowie die Funktion des Kindes bei bestehenden Partnerschaftsproblemen oder persönlichen Bindungsproblemen im folgenden Kapitel diskutiert:

Jeder Elternteil geht zum Kind eine gesonderte Beziehung ein, die authentischer und endloser ist als jede andere Verbindung (Beck/Beck-Gernsheim 1990, S. 139):

> "Wenn du jetzt für ein Kind da bist, ist das Kind immer für dich da." (Chesler 1980, S. 27).

In diesem Sinne wird in einer demographischen Studie festgestellt:

> "Mit Kinderhaben verbindet sich zunehmend der Wunsch nach Sinn und Verankerung, gleichzeitig ein Glücksanspruch, der auf Beziehungslust zielt." (aus Beck/ Beck-Gernsheim 1990, S. 138).

Hermann Bullinger geht in seinem Buch "Wenn Paare Eltern werden" ausführlich auf die Eltern-Kind-Beziehung ein. Auch nach seinen Erfahrungen gilt das Kind oft als die einzige "große Liebe" der Erwachsenen. Mütter und Väter gestehen sich ein, daß sie noch nie in ihrem Leben so bedingungslos verliebt waren wie in ihr Kind. Was aus Angst vor Nähe mit einem erwachsenen Partner nicht ausgelebt werden kann, diesem mangels Nachsicht nicht zugebilligt wird, kommt der einzig bedingungslosen Liebe - der Beziehung zum Kind - zugute. Das Kind gerät dadurch aber in die Gefahr, mehr als der eigentliche Partner zur Bezugsperson der Elternteile zu werden (Bullinger 1986, S. 43 ff.). Da die Art von Liebesbeziehung, die man sich erträumt, offenbar in der gewünschten Intensität nur mit einem Kind möglich ist, gehen manche Frauen bereits von vorne herein einen anderen Typus der Partnerschaft ein, nämlich den der bewußt ledigen Mutter, die ein Kind allein ohne traditionellen Rahmen der Zweierbeziehung aufziehen will (Chesler 1980, S. 27; Beck-Gernsheim 1984, S. 83; Beck-Gernsheim 1988, S. 8).

In einer positiv erlebten Partnerschaft wird das Kind als Zeichen der Liebe zweier Menschen zueinander betrachtet (de Parseval/Janaud 1986, S. 23). Das Kind gilt als Objekt, mit welchem dem Partner eine Freude bereitet wird, oder man will dem Partner die Möglichkeit der Vater- bzw. Mutterschaft nicht vorenthalten (1986, S. 29) - "dem Märchenprinzen einen Sohn schenken oder dem Gatten einen Erben ... " (Leyrer 1989, S. 92).

Als verantwortungsbewußt und empathisch gegenüber dem ungeborenen Kind ist die Haltung zu beurteilen, daß ein Kind erst nach Jahren der Bewährung im Zusammenleben gewünscht wird; erst dann, wenn die Partner auf die Dauerhaftigkeit ihrer Verbindung vertrauen und die persönlichen Ziele bereits erreicht haben (de Parseval/Janaud 1986, S. 19). Ein Kind gilt in diesem Fall als Zeichen einer dauerhaften Bindung:

> "Das Kind sollte der lebende Beweis sein für die Liebe, die meinen Mann und mich verband. Welch wunderbares Abenteuer, meine Anlagen mit seinen zu kombinieren und zu schauen, was daraus würde." (aus Beck-Gernsheim 1989, S. 133).

Neben der dargestellten Stabilität einer Bindung als Anreiz zum Kind sind leider instabile Beziehungen häufig das unbewußte Motiv für den Kinderwunsch. Oft soll mit dem Kind die Ehe gekittet werden, denn besonders in Krisensituationen scheint Elternschaft der einfachere Weg aus einem Konflikt zu sein als meist mühsame Lösungsversuche zwischen den Partnern (McKaughan 1990, S. 64 f.; Janov 1977, S. 17; Pelz 1988, S. 235).

Die Psychoanalytikerin Thea Bauriedl ist sogar der Auffassung, daß jedes Kind seiner Funktion in der Partnerbeziehung wegen erwünscht wird. Es soll ihrer Meinung nach in die "Leerstelle" zwischen den Eltern hineingeboren werden und diese dann ersatzweise ausfüllen (Bauriedl 1988, S. 132).

Wenn sich die Probleme der Paarbeziehung nach der Geburt des ersten Kindes nicht gelöst haben und vielleicht sogar eine Zuspitzung des vorher bereits latent vorhandenen Konflikts stattgefunden hat, tritt oft in analoger Weise der Wunsch nach einem zweiten Kind als letztem Rettungsversuch der Kleinfamilie auf (Bullinger 1986, S. 129).

Trotz allgemein bekannter Schwierigkeiten in jungen Kleinfamilien und den hohen Scheidungsraten machen sich offensichtlich viele Paare Illusionen bezüglich der Realität des Ehe- und Familienlebens. Sie "überlegen nicht rechtzeitig, was es heißt, eine Familie zu haben, über den Kauf eines Autos oder den Erwerb eines Eigenheimes wird im allgemeinen länger diskutiert als über die Entscheidung für oder gegen ein Kind." (Ayck/Stolten 1978, S. 9 f.). Es gehört eben immer noch zum gesellschaftlichen Standard, daß man heiratet und Kinder kriegt:

"Dieser Wunsch nach Kindern kam eigentlich von der Erziehung her. ... Wenn man heiratet, hatte man mir gesagt, dann gehören Kinder dazu. Das war in mir drin, bevor ich darüber nachzudenken begann." (aus Ayck/Stolten 1978, S. 30).

Im weiblichen Kinderwunsch verbirgt sich häufig die Sehnsucht nach enger Bindung zu einem Mann oder nach einem Zuhause, das mit Mann und Kindern geschaffen wird (Meyer 1984, S. 29). So eine Sexualpädagogin zum Thema:

"Wenn ein Mädchen einen Kinderwunsch hat, geht es nicht um das Kind allein. Der Kinderwunsch ist verbunden mit Liebesideologie. Sie will das Kind und den Mann dazu." (aus Kerner 1984, S. 89).

Dieses Phänomen kann natürlich auch beim Mann beobachtet werden, der mit seinem Kinderwunsch ebenso beabsichtigen kann, eine Frau an sich zu binden.

Sollte ein Partner keinen Kinderwunsch hegen, kann das auch daran liegen, daß bereits Kinder aus einer anderen Verbindung existieren oder auch ein Indiz dafür sein, daß dieser selbst die Rolle eines Kindes in der Familie einnehmen und sich die ganze Fürsorge des Partners erhalten will (McKaughan 1990, S. 68; Pelz 1988, S. 238). Die

Fürsorge des Mannes erhoffen sich andererseits viele Frauen gerade in der Schwangerschaft, in der sie dann im Mittelpunkt des Familieninteresses stehen (Biermann-Vender 1988, S. 33). Abschließend kann ein Motiv für das Kinderkriegen auch in der Intensivierung der Partnerschaft durch die aufmerksame Teilnahme des Mannes an der Schwangerschaft und durch das gemeinsame Erlebnis der Geburt gesehen werden (Toman e.a. 1979, S. 72).

4.5 Kinderwunsch und Beruf

Inwieweit sich Unzufriedenheit oder Selbstverwirklichung im Berufsleben auf den Kinderwunsch der Frau auswirken, die positiven oder negativen Nebeneffekte der Berufstätigkeit dabei eine Rolle spielen und ob es die Möglichkeit der Vereinbarung von Mutterschaft und Karriere gibt, sind Fragestellungen, die beim Zusammenhang von Kinderwunsch und Beruf als erörterungsbedürftig erachtet werden und nachfolgend zur Diskussion gestellt sind.

Vorab wird darauf hingewiesen, daß die "Kinderfrage" besonders bezüglich der Berufserfahrungen einen Prozeß darstellt, d.h., in verschiedenen Altersstufen veränderte Einstellungen zum Kinderwunsch auftreten. Das magische Alter für die Entscheidungsfindung liegt aus biologischen Gründen zwischen 30 und 40 Jahren (Schmitz-Köster 1988, S. 48 ff.).

Als zentrale Weichenstellung sowohl für die generelle Lebensplanung als auch für die Einstellung zu eigenen Kindern gilt die Lebenssituation weiblicher Jugendlicher, weil sich in dieser Zeit der Lebensplan mit Erwartungen, Einstellungen und Interessen herausbildet (Neuwirth 1988, S. 188 ff.). Daß sich in der Jugend - beim Mann ausgeprägter als bei der Frau - berufliche Interessen herausbilden, kann als Indiz für den stärker auftretenden Kinderwunsch bei Frauen angesehen werden (Biermann-Vender 1987, S. 19).

Wie bereits im Kapitel "Kinderwunsch und Selbstverwirklichung" deutlich wurde, stehen Vor- und Nachteile des Hausfrauen- und Mutterdaseins nebeneinander (Urdze/Rerrich 1981, S. 63). So erfährt die Doppelbelastung der Frauen durch Beruf und Haushalt nach der Geburt eines Kindes noch eine zusätzliche Verschärfung. Streß kann dabei sowohl durch Unterbelastung bei Berufaufgabe (Hausfrauensyndrom) als auch durch Überlastung bei beibehaltener Berufstätigkeit (Doppelrolle) entstehen (Wingen 1980, S. 124).

Zu beruflicher Unzufriedenheit stellt der Kinderwunsch eine Alternative dar, denn Mutterschaft ist ein gesellschaftlich akzeptierter Weg zur Aufgabe einer langweiligen, entfremdenden, anstrengenden oder überfordernden Erwerbstätigkeit (Pelz 1988, S. 237). Nicht zu unterschätzen ist hierbei der Faktor, daß besonders Frauen in niederen Gehaltsstufen bereits bei der Wahl ihres Berufes einkalkuliert haben, daß sie nur begrenzte Zeit erwerbstätig sein werden und danach mangels beruflicher Perspektiven in die traditionelle Hausfrauen- und Mutterrolle ausweichen werden - das Kind somit die "Flucht aus einem ungeliebten Beruf" bietet.

Das Phänomen "Berufsflucht aus Frust" läßt sich auch in folgenden Äußerungen von Berufstätigen erkennen und ist mangels Empathie im Kinderwunsch als sehr bedenklich einzustufen, sofern dieses Motiv im Vordergrund steht:

"Ein Kind kriegen wär' ein Rettungsanker." (aus Pelz 1988, S. 232).

"Wenn man ein Kind hat, dann kann man erst einmal aufhören zu arbeiten." (aus Biermann-Vender 1987, S. 36).

"Ich wollte ein Baby, weil ich es leid war zu arbeiten. ... ich brauchte eine Verschnaufpause, um herauszufinden, wohin der Weg eigentlich führen sollte." (ebd.).

Wie auch bei Partnerschaftsproblemen ist ein akuter Kinderwunsch häufig in Krisen von Beruf, Ausbildung oder Studium - generell beim Versagen in der Berufswelt - zu beobachten (Pelz 1988, S. 237). Das Kind ist dann die willkommene Ausrede.

Da Berufstätigkeit allgemein und insbesondere die der Frau im Vergleich zu früheren Jahrzehnten Selbständigkeit und Selbstbewußtsein vermittelt, ist die Zufriedenheit im Beruf die vordergründigste Variable, die mit bewußter Kinderlosigkeit korreliert (Schmitz-Köster 1987, S. 72; McKaughan 1990, S. 25; Pelz 1988, S. 232):

"Ich arbeite nicht aus finanziellen Gründen. Das klingt grausam, aber ich arbeite, weil es mir wirklich Spaß macht." (aus Ziebell e.a. 1992, S. 104).

"Darum bedaure ich manchmal fast, diese Arbeit zu haben, weil sie die Ursache meiner Kinderlosigkeit ist." (aus McKaughan 1990, S. 56).

Die Frau muß ihre Karriereerwartungen als Mutter deutlich zurückschrauben, wenn nicht persönliche Bereitschaft und die finanziellen Mittel vorhanden sind, um eine umfassende Fremdbetreuung der Kinder zu organisieren (Pelz 1988, S. 235). Schulpflichtige Kinder schränken dazu noch die beruflichen Perspektiven des Vaters ein, weil der Arbeitsmarkt Mobilitätsanforderungen stellt. Besonders in Zeiten der Rezession oder in höher qualifizierten Berufen ist soziale Mobilität eine notwendige Bedingung für Arbeitsplatzchancen und beruflichen Erfolg (Amendt 1990, S. 14).

Es kann festgehalten werden, daß bei beruflicher Zufriedenheit die Entscheidung zum Kind schwerfällt, weil sie ein Karrierehemmnis darstellt. Hingegen kann Unzufriedenheit im Beruf auslösendes Moment für einen akuten Kinderwunsch sein. Als positiver Nebeneffekt der Berufstätigkeit zählt vorrangig die Erhöhung des Familieneinkommens und die verbesserte Altersversorgung (Wingen 1980, S. 54). Wir leben in einer Zeit des zunehmenden Materialismus, den viele der älteren Generationen nach entbehrungsreicher Kindheit genießen und nicht aufgeben wollen (Beck-Gernsheim 1988, S. 115; Urdze/Rerrich 1981, S. 26). In Weltwirtschaftskrisen wird durch die ökonomische Unsicherheit die Kinderzahl auch heute noch eingeschränkt (Wingen 1980, S. 54).

Neben durch die Berufsaufgabe der Frau bedingten finanziellen Einbußen stellt die Versorgung der Kinder bis zum Abschluß der Ausbildung eine zusätzliche Belastung dar. Dazu erhöht sich neben der Kosten für Wohnraum in einem Haushalt mit Kindern die Hausarbeit, so daß Freizeitmöglichkeiten der Eltern eingeschränkt werden (Schmitz-Köster 1987, S. 73; Wingen 1980, S. 53).
Andererseits gilt jedoch als negativer Effekt von außerhäuslicher Erwerbstätigkeit, daß zugunsten der geschilderten Vorteile von Berufsausübung oft auf Kinder und damit auf Werte wie Spontaneität, Gefühle, Neugierde und Phantasie verzichtet wird (Schmitz-Köster 1987, S. 74.)

Die bisherigen Ausführungen haben gezeigt, daß bei befriedigender Berufserfahrung der Kinderplan reduziert oder ganz aufgegeben wird (Pelz 1988, S. 234). Die verbesserten Ausbildungschancen von Frauen, die Unterstützung weiblicher Berufstätigkeit seitens der Familie und der Gesellschaft und die oft beobachteten negativen Erfahrungen der eigenen Mütter nach der Berufsaufgabe für die Kinder veranlassen immer mehr junge Frauen, sich vor der Realisierung familiärer Pläne um ihr berufliches Fortkommen zu bemühen (McKaughan 1990, S. 13 ff.). Da der Kinderwunsch jedoch auch bei ausgesprochenen Karrierefrauen deutlich spürbar ist und die Verschiebung dessen Erfüllung durch verbesserte Verhütungstechniken möglich ist, tritt das Phänomen der bewußt "späten Mutterschaft" als Kompromiß im Konflikt zwischen Kinderwunsch und Beruf auf (Beck-Gernsheim 1988, S. 8; McKaughan 1990, S. 13). In der "späten Mutterschaft" haben die sogenannten "clock-watchers" folgende

Entscheidung getroffen: "Kinder ja - nur nicht gleich; erstmal wird gelebt."
(McKaughan 1990, S. 13). Die "clock-watchers" schieben die Erfüllung ihres Kinderwunsches so lange auf, wie es biologisch möglich ist:

> "Je lauter ihre "biologische Uhr" tickte, desto größer wurde ihre Angst, nicht mehr genügend Zeit für diese wichtige Entscheidung zu haben." (1990, S. 9).

Oft ist die Entscheidung zum Kind erst unter akutem biologischen Zeitdruck Ende Dreißig möglich, weil sich die durch Zeitablauf für die Zukunft erhoffte klare Lösung der "Kinderfrage" nicht ergeben hat, der Kompromiß zwischen Beruf und dem Erlebnis Kind weiterhin schwerfällt. Zur Entscheidungsfindung sind Vorbilder hilfreich, die beispielhaft ihre Situation zugunsten von Kindern verändert haben und ihre Rolle als Mutter trotz beruflicher Verluste genießen (1990, S. 28 ff.).

Etwa 30 % der kinderfreundlich gesonnenen "clock-watchers" geben nach Untersuchungsergebnissen trotz des Bewußtseins der unwiederbringlichen Möglichkeit ihren Kinderwunsch irgendwann auf, weil sie zugunsten eines Kindes auf ihre persönliche Freiheit in Beruf und im Privaten nicht verzichten möchten und bzw. oder um das Wohl des Kindes in dieser Situation fürchten (ebd. S. 32):

> "Ich wäre nicht bereit, meinen Beruf endgültig aufzugeben, und ich bin auch nicht dafür, ein Kind von anderen betreuen zu lassen. ... Wenn ich ein Kind hätte, möchte ich auch dafür einstehen bzw. mich darum kümmern können. ... Ich bin der festen Überzeugung, daß ich meinen Beruf nicht mit einem Kind vereinbaren kann. ... Und was bliebe dann noch für das Kind letztendlich, und was wäre denn noch für mich? Das wäre nicht mehr viel." (aus Ziebell e.a. 1992, S. 106).

4.6 Kinderwunsch und Körpererfahrung

Im folgenden Kapitel wird beschrieben, in welchem Maße der Kinderwunsch mit dem Beweis der Weiblichkeit, dem Reiz der Körperempfindungen beim Erleben der Mutterschaft und mit der Sexualität zusammenhängt. Desweiteren werden psychoanalytische Einschätzungen zum Thema und die Auswirkungen des Wunsches nach Körperkontakt mit dem Kind dargestellt.

> "Das Weiblichste an einem Weibe ist der Wunsch nach einem Kinde." (aus Schmitz-Köster 1987, S. 138).

Diese Äußerung von Helene Deutsch gibt die Vorstellung wieder, daß die Frau auch heutzutage noch ohne leibliche Kinder nicht als richtige Frau gilt (Biermann-Vender

1988, S. 37). Insbesondere die Schwangerschaft wird als Ausdruck der Weiblichkeit gewertet, mit der der Norm als Frau entsprochen werden kann (Schmitz-Köster 1987, S. 46; de Parseval/Janaud 1986, S. 26).

Häufig ist das Abenteuer Schwangerschaft eine Komponente im Kinderwunsch, weil sich Frauen auf das Erlebnis entstehenden Lebens in sich freuen und voll Neugier auf die Veränderungen ihres Körpers in der Ausnutzung der Funktionen aller weiblicher Organe sind (Toman e.a. 1979, S. 72; Kühler 1989, S. 41; Sichtermann 1984, S. 34).

Die Parole des Kampfes gegen den § 218 "Mein Bauch gehört mir" wird neu interpretiert zum Sinnbild weiblicher Produktivität und Leistungsvermögen (Wetterer 1983, S. 8; Walterspiel 1983, S. 111). Kaschierende Umstandskleider werden seit längerem gemieden, denn der Trend heißt nun: "Man trägt wieder Bauch." (Ayck /Stolten 1978, S. 154). Die Schwangerschaft wird auf diese Weise als begehrenswerter weiblicher Zustand empfunden und nicht mehr als Teil geschlechtsloser Fortpflanzung nach dem vom Mann erwünschten und bestimmten Sexualakt (Rick 1988, S. 263).

Dem Kinderkriegen wird der emanzipatorische Effekt in der Betonung von weiblicher Autonomie im Kinderwunsch zugeschrieben, weil die Frau im Gegensatz zum Mann nicht die Bereitschaft eines anderen Menschen zur Erfüllung des Kinderwunsches benötigt. Zudem kann die Frau das von ihr geschaffene neue Leben autark durch ihren Körper einige Zeit ernähren (Jagenow/Mittag 1984, S. 19; Chesler 1980, S. 145).

Neben diesen Gesichtspunkten geben manche Frauen ohne Rechtfertigung ihres Kinderwunsches zu, daß Kinderkriegen und -haben Spaß macht (Wetterer 1983, S. 131 f.). Die Fruchtbarkeit wird dabei oft als Chance zur Identitätsfindung, die Geburt als Möglichkeit der Selbsterfahrung gesehen (Beck-Gernsheim 1988, S. 138).

Auch bei negativem Kinderwunsch spielt die Körpererfahrung eine Rolle. Die Ablehnung des Kinderwunsches spiegelt sich in Angst vor Schwangerschaftsbe- schwerden, Verschlechterung der Figur und Verlust der Attraktivität bei Männern wider (Toman e.a. 1979, S. 72).

Neben der Freude an der biologischen Funktion des Körpers steht nun die Frage des Einflusses sexueller Triebe auf den Kinderwunsch an:

Barbara Sichtermann sieht im rational unauflöslichen Rest des Kinderwunsches sexuelle Triebkräfte, deren Einfluß auf die Fortpflanzung ihrer Meinung nach bisher unterschätzt wurde. Sie stellt die These auf, daß die Geburt von der Natur aus eigentlich Lustgewinn bieten sollte, was lediglich durch die Verengung der Geburtswege aufgrund der Evolution zum aufrechten Gang vereitelt wurde (Sichtermann 1984, S. 26 ff.).

Ähnlich argumentieren auch Jagenow und Mittag, die ebenfalls einen Zusammenhang zwischen weiblichem Kinderwunsch und der Sexualität sehen (Jagenow/Mittag 1984, S. 9). Dazu folgende Äußerungen von Frauen:

> "Ich fand schwanger sein sehr erregend." (aus Meyer 1989, S. 92).

> "Der Gedanke, jetzt schwanger werden zu können, macht Sexualität aufregender." (aus Jagenow/Mittag 1984, S. 7).

Sexuelles Erleben wird nach Meinung der beiden Wissenschaftler durch Schwangerschaft, Geburt und Mutterschaft vervollständigt, womit bereits die Verbindung zwischen Kinderwunsch und Sexualität hergestellt wäre. Die Verschränkung von Sexualität im Kinderwunsch als verborgene und schwer erfaßbare Motivation läßt sich auch in den kontrazeptiven Fehlleistungen erkennen.

Neben der als eher passiv einzuschätzenden weiblichen Sexualität kann die Frau in Schwangerschaft, Geburt und Mutterschaft demzufolge aktive Sexualität demonstrieren. Zudem ist im Wunsch nach einem Kind als symbolisierter Einheit mit einer anderen Person Ähnlichkeit zu dem von Fromm 1974 formulierten Wunsch nach zeitweiser Verschmelzung und Aufhebung des menschlichen Getrenntseins im Sexualakt vorhanden (ebd. S. 7 ff.).

Die Theorien zur Sexualität im Kinderwunsch haben in interessanter Weise dargelegt, daß bei aller Verdrängung der Natur aus diesem Bereich - trotz der versuchten vollständigen Trennung der Fortpflanzung von der Sexualität durch verbesserte Verhütungstechniken - die "sexuellen Wogen" offensichtlich den Kinderwunsch noch immer erreichen können und ihn auf diese Weise unkalkulierbar machen.

Psychoanalytische Theorien gehen ebenfalls auf die körperlichen Aspekte des Kinderwunsches ein und werden deshalb kurz dargestellt:

So sieht Freud beispielsweise im Kinderwunsch der Frau das Streben nach einem Ersatz für den fehlenden Penis (Biermann-Vender 1987, S. 21). Er siedelt die Entstehung des Kinderwunsches beider Geschlechter bereits in der ödipalen Phase an

(Kühler 1989, S. 69), was auf einen Zusammenhang zwischen Kinderwunsch und Partnerschaftswünschen hindeuten würde.

Nancy Chodorow stellt dagegen den Kinderwunsch in den Zusammenhang mit der Sehnsucht nach der Beziehung zur Mutter, der Wiederherstellung der erlebten und verlorenen Nähe und Wärme bei ihr (Biermann-Vender 1987, S. 26).

Neben dem Reiz des Weitergebens eines Teiles des eigenen Körpers und dem des Partners in der Erzeugung eines Kindes spiegelt sich im Kinderwunsch in Anlehnung an Chodorows Theorie auch die Sehnsucht nach Körperkontakt mit dem Kleinkind wider - die verlorene Symbiose wird erneut angestrebt (Schmitz-Köster 1987, S. 110; Beck-Gernsheim 1988, S. 138):

> "Ich denke manchmal, ich möchte einfach umheimlich gern ein Baby haben, das auf meinem Bauch liegt und schläft." (aus Schmitz-Köster 1987, S. 108).

Der Hang Erwachsener oder größerer Kinder zu Körperfühlung mit Babys und Kleinkindern, diese zur Not auch gegen deren Willen herumzutragen und "verhätscheln" zu wollen, bestätigt die dargestellte Theorie und kann auch aus Beobachtungen bestätigt werden.

Im bloßen Reiz der Schwangerschaft und des Geburtserlebnisses sowie den erwünschten Körpererfahrungen mit dem Kleinkind ist eine große Gefahr für das Wohl des Kindes zu sehen, das eines Tages aus dem "putzigen Babyspeckalter" herausgewachsen sein wird, andere Anforderungen an seine Bezugspersonen stellt als nur den Körperkontakt und als eigenständige Persönlichkeit anerkannt werden will. Sollten die erwähnten Kriterien eine dominierende Rolle in der Entstehung des Kinderwunsches spielen, muß mangelnde Empathie im Kinderwunsch befürchtet werden.

4.7 Negativer Kinderwunsch

Thema dieses Kapitels ist die Ablehnung des Kinderwunsches - nicht die ungewollte Kinderlosigkeit, bei der die Erfüllung eines vorhandenen Kinderwunsches aus physiologischen Gründen versagt bleibt.

Zuerst werden die gesellschaftliche Einstellung zur gewollten Kinderlosigkeit und allgemeine Gründe für die Entscheidung gegen Kinder dargestellt, bevor auf den persönlichen Entscheidungsprozeß und auf Begründungen des bewußten Verzichts sowie Entbehrungen durch Kinderlosigkeit eingegangen wird.

Kinderlosigkeit wird noch immer gesellschaftlich verpönt und politisch bekämpft. Besonders nach Ansicht konservativer Kreise ist die Ausübung der Mutterrolle zum Wohle der Nation unabdingbar. Denn der Arbeitsplatz Mutterschaft entlastet den Arbeitsmarkt, verschönt die Arbeitslosenstatistik, sichert die Renten, bewahrt das Vaterland vor dem Aussterben seiner Bevölkerung und rettet die Ordnung des Patriarchats (Beck-Gernsheim 1984, S. 9; Ziebell e.a. 1992, S. 11 ff.). Ebenso wird Kinderlosigkeit von der katholischen Kirche scharf kritisiert, weil nach kirchlicher Lehre die Ehe in erster Linie zur Erzeugung von Nachkommen dienen sollte (Cromm 1985, S. 50; Kühler 1989, S. 18; Jürgens/Pohl 1975, S. 62).

Mangels gesellschaftlicher Anerkennung werden bewußt Kinderlose als "bevölkerungspolitische Blindgänger" betitelt und ihnen wegen ihres Entschlusses Kinderfeindlichkeit, Bindungsunfähigkeit, Karriere- und Geldsucht sowie Wohlstandsverwahrlosung vorgeworfen (Ziebell e.a. 1992, S. 54, S. 216 ff.). Für Kinderlosigkeit von Männern wird dabei jedoch mehr Verständnis aufgebracht, weil man bei ihnen eher Freiheitsdrang und Abenteuerlust assoziiert und der Entschluß auf diese Weise seine Legitimation erhält (Schmitz-Köster 1987, S. 26).

Es erscheint fraglich, ob im Hinblick auf die eingangs des Beitrags geschilderten, noch immer vorherrschenden dramatischen Kindheitsbedingungen, die scharfe gesellschaftliche Kritik an bewußter Kinderlosigkeit gerechtfertigt sind oder diese nicht besser verantwortungsloser Elternschaft entgegengebracht werden müßte.

Bei der weiteren Erörterung des negativen Kinderwunsches werden nun allgemeine Gründe für diesen Entschluß diskutiert:

Aufgrund der zahllosen logischen Gründe und vernünftigen Argumente gegen Kinder liegt die Vermutung nahe, daß bei den heutigen Verhütungstechniken ein notwendig gewordener expliziter Willensentschluß für Kinder schwerer zu fassen ist als die Entscheidung gegen Kinder (Wingen 1980, S. 157). Folgende Gründe werden für bewußte Kinderlosigkeit angegeben und in aufzählender Weise dargestellt (Baiter 1985, S. 263):

Emanzipation der Frau, allgemeine Individualisierung, Verhaltensautonomie, gestiegene Lebensansprüche, mangelnder Bezug zu Kindern, beengte Wohnverhältnisse, Konsumdenken, Kinderfeindlichkeit der Gesellschaft, Erziehungsunsicherheit, Rückgang der Religiösität, Zukunftsangst, Umweltbelastung, Einschränkung der Freizeitgestaltung, Angst vor Verantwortung für Kinder, Belastung der Partnerschaft, Steigerung von Unkosten und Arbeitsaufwand, Ablehnung der elterlichen Lebensweise, Verlust von Spontaneität in der Freizeit, zunehmende Urbanisierung, gestiegenes Heiratsalter, verlängerte Ausbildungszeiten, negative Erfahrungen mit Kindern, Angst vor Gesundheitsschäden für die Frau, etc. (Wingen 1980, S. 28 ff.; Nave/Herz 1988, S. 16 ff.; Schmitz-Köster 1987, S. 32, S. 118; Pelz 1988, S. 240 ff.; Dessai 1985, S. 95; Urdze/Rerrich 1981, S. 20; Beck-Gernsheim 1988, S. 115 ff.).

Die Ausprägung der wichtigsten Gründe gegen Kinder aus der nicht abschließenden Aufzählung ergibt sich aus folgender Übersicht:

Berufliche Gründe	81,8 %
Bevorzugung eines anderen Lebensstils	63,6 %
Negative Einstellung zu Kindern	65,6 %
Materielle Gründe	45,5 %
Partnerbezogene Gründe	29,1 %
Gesundheitliche Gründe	9,1 %
Zukunftsangst	10,9 %

(Beck-Gernsheim 1988, S. 163).

Die Liste der Argumente gegen Kinder zeigt, daß man die Kinderfrage heute - wie so vieles andere - offensichtlich klar durchdenken und bis zur Perfektion planen möchte:

"Neue Kinder sind Kopfgeburten." (ebd. S. 158).

Früher wurden die Kinder selbstverständlicher zur Welt gebracht, während heute objektiv geeignete Bedingungen für Kinder wegen zu vieler rationaler Gegenargumente vielleicht nicht genutzt werden. Oft ist auch der Entscheidungsprozeß für Kinder zu langwierig, weil bis zum negativen Ergebnis der Antwort auf die "Kinderfrage" endlos reflektiert wurde und schließlich nach zu langem Zögern der Mut zum Kind fehlte (Beck-Gernsheim 1988, S. 161). So kann ein möglicherweise bis zu 20 Jahre lang vorhandener Kinderwunsch aus biologischen Gründen Mitte Vierzig im Entschluß zur Kinderlosigkeit enden. Andererseits entsteht aus jahrelanger Ablehnung des Kinderwunsches, die durch Schwangerschaftsabbrüche oder konsequente Verhütung praktiziert wurde, in Einzelfällen möglicherweise Ende Dreißig plötzlich doch eine spontane Entscheidung für das Kind (Pelz 1988, S. 233).

Bei einer Erhebung unter den bereits erwähnten "clock-watchers", die trotz vorhandenem Kinderwunsch zu 30 % eine Entscheidung gegen Kinder fällten, wird die Annahme bestätigt, daß mit dem lauter werdenden "Ticken der biologischen Uhr" generell die Chance auf eine positive Entscheidung sinkt. So auch die Äußerung einer 40-Jährigen (McKaughan 1990, S. 32, S. 48):

"Manchmal ... zweifle ich, ob ich überhaupt ernsthaft ein Kind will. ... Wenn man so lange gewartet hat, stellt sich die Frage, ob man diese starke Verpflichtung auf sich nehmen will." (ebd. S. 49).

Kinderlosigkeit kann auch Folge von Bindungsunfähigkeit oder von Angst vor Freiheitsverlust sein (Ziebell e.a. 1992, S. 201). Oft haben sich jedoch Kinderlose verantwortungsvoll und realistisch in distanzierter Empathie mit ihrem Kinderwunsch auseinandergesetzt und die Erfüllung des Kinderwunsches zumindest temporär abgelehnt, weil sie Defizite in ihrer Persönlichkeit oder der Lebenssituation erkannt haben und diese noch beheben wollen. In solchen Fällen wird persönliche Unreife oder mangelnde Zeit zur Selbstentfaltung eingestanden (Pelz 1988, S. 240 ff.):

"Bin ich reif genug, den persönlichen Anforderungen der Erziehung zu genügen? Habe ich die inneren Qualitäten, die das Kind zu seiner Entwicklung braucht?" (aus Beck-Gernsheim 1990, S. 143).

Die Verfasser des Buches "Kinderlos aus Verantwortung" würden die letzte Aussage sicherlich unterstützen, denn sie verurteilen die Normalität und Selbstverständlichkeit des Kinderkriegens. Das böse Erwachen vieler "selbstverständlicher" Eltern folgt meist dann, wenn nach der Geburt des Kindes die Belastungen der Elternschaft bewußt werden und diese merken, daß sie zu den Opfern eigentlich gar nicht bereit sind (Ayck/Stolten 1978, S. 17). Dazu die Äußerung einer Frau, die aus offensichtlicher Empathie gegenüber dem ungezeugten Kind eine negative Einstellung zu der Erfüllung ihres Kinderwunsches besitzt:

"Was waren eigentlich meine Motive? Wenn ich ehrlich war, spielte Narzißmus eine große Rolle. ... Was den Narzißmus angeht, schien es mir besser, an mir selbst den Versuch der Vollendung zu machen, statt auf halbem Wege innezuhalten und ein neues Wesen zu produzieren, dem ich unausweichlich meine Motivation, Interessen und Ziele aufzwinge und das dagegen eines Tages zurecht revoltieren würde. Immer klarer wurde: Ich wollte unter diesen Umständen kein Kind." (aus Kerner 1984, S. 185 f.).

Andere bewußt Kinderlose haben Angst vor der entscheidenden Frage ihres zukünftigen Kindes, der sie dann nicht standzuhalten fürchten:

"Warum hast du mich eigentlich geboren?" (Siebenschön 1979, S. 36).

Wiederum führt die Kritik der Funktion des Kindes als Lebenssinn zum negativen Kinderwunsch. Leute mit dieser Haltung betonen, daß man durch Wirken im Beruf oder in künstlerischer, vor allem literarischer Tätigkeit fortleben kann und folgen damit beispielsweise Simone de Beauvoir, die ebenfalls eine größere Daseinsberechtigung und mögliche Unsterblichkeit in Literatur oder ähnlichem als in der physischen Fortpflanzung sah (Schmitz-Köster 1987, S. 79 ff.). Dazu die Äußerung eines Psychoanalytikers:

> "Kinder kriegen kann jeder, aber unter Umständen bewußt darauf verzichten, um ein anderes Glück für mehr Menschen zu erreichen, ist sehr viel schwerer." (Ayck/Stolten 1978, S. 16).

So sehr die bewußte Kinderlosigkeit als Herausforderung gegenüber unverantwortlichem Produzieren von Nachwuchs in oft schlechte Situationen hinein verurteilt werden muß (ebd. S. 16), sollte doch auch entschieden darauf hingewiesen werden, daß der Verzicht auf das "Abenteuer Kind" mit dem Verlust von Gefühl, Intensität und Lebensfreude einhergehen kann und man auf jeden Fall viel verpaßt, wie folgende Aussagen von Eltern erahnen lassen:

> "Sicher habe ich euch um eure Freiheit schon oft beneidet. Aber ein Kind zu erleben ist ein Glück, das ich trotz aller materiellen Beengtheit nicht missen möchte." (aus Dessai 1985, S. 95).

> "Aber wenn sich dann das Kind schmusend an mich lehnt - das ist ein Glücksgefühl, unbeschreiblich." (ebd.).

Als Ergebnis dieses Kapitels kann festgehalten werden, daß gewollte Kinderlosigkeit mangels Mut zum Kind, wegen zu langer Reflektion über die eigene Situation und aus Bedenken der Verschlechterung einer für gut befundenen Lebensposition durch ein Kind verursacht wird.

Diese Feststellungen unterstützen die in der zweiten These geäußerte Vermutung (Ende Kapitel 2.4), daß objektiv geeignete Bedingungen für Kinder oft nicht genutzt werden.

4.8   Kinderwunsch und soziales Umfeld

Erwiesenermaßen ist die Kinderzahl in unteren sozialen Schichten höher als in der Mittel- und Oberschicht (Jürgens/Pohl 1975, S. 106; Kerner 1984, S. 64). Es werden offensichtlich viele Kinder in Bedingungen geboren, die deutlich schlechtere Entwicklungschancen bieten, was nun die weitere Vermutung der zweiten These über die Ursachen des heutigen Alptraums der Kindheit bestätigt.

Ob sich das hohe "Kinderaufkommen" erst aus dem Planungsverhalten dieser Bevöl-
kerungsgruppen ableiten läßt oder sich abhängig von der Schichtzugehörigkeit bereits
unterschiedliche Tendenzen im Kinderwunsch erkennen lassen, ist Fragestellung
dieses Kapitels. Dabei wird jedoch ausdrücklich darauf hingewiesen, daß es hierbei
nur um Tendenzen gehen kann, die sich in Einzelfällen auch durchaus umkehren
können oder auf Teile der Gruppen nicht zutreffen müssen. Keinesfalls soll der
Eindruck einer pauschalen Verurteilung von Randgruppen entstehen, auch wenn auf
problematische Regelmäßigkeiten hingewiesen wird.

Generell kann davon ausgegangen werden, daß die Lebensgewohnheiten des Bekannt-
tenkreises die Einstellungen in verschiedensten Bereichen prägen (McKaughan 1990,
S. 53). Da Kinder in unvergleichbarer Entschiedenheit die Lebensgewohnheiten
verändern, spielt im Bezug auf Kinder die Einstellung von Freunden, Bekannten und
Verwandten eine große Rolle. Das Umfeld, im weitesten Sinne die soziale Schicht,
nimmt auf diese Weise Einfluß auf den Kinderwunsch.

Daneben sei darauf hingewiesen, daß der Kinderwunsch einen Teil des Lebensplanes
bildet, der nach psychischen, ökonomischen und sozialen Gesichtspunkten entworfen
wird und damit auch ein Produkt der Sozialisation darstellt, d.h., unterschiedliche
Vorstellungen über den geplanten Lebensweg in verschiedenen Bereichen der Gesellschaft ursächlich für verschiedene Einstellungen zu Kindern sein können.

Nach der Bestätigung der Einflüsse des Umfeldes stellt sich nun die Frage, wie sich
Kinder auf die Gesamtsituation in verschiedenen Gruppen der Gesellschaft auswirken,
ob Unterschiede im generativen Verhalten zu erkennen sind und dies gegebenenfalls
auf schichtspezifische Einstellungen zum Kinderwunsch zurückzuführen ist:

Bei durchschnittlichem Verdienst des Ernährers und normaler Mietbelastung wird eine
Familie mit vier Kindern ohne weitere Zuwendungen sozialhilfebedürftig, so daß
Kinder zwangsläufig in diesen und gleichgelagerten Fällen zu einer Einschränkung des
Lebensstandards führen müssen, was in höheren Einkommensklassen vermieden
werden kann (Wingen 1980, S. 48 f.). Spätes Heiratsalter oder eine gute berufliche
Qualifikation der Frau wirkt sich in mittleren und oberen Schichten jedoch reduzie-
rend auf die Kinderzahl aus (Pelz 1988, S. 232). Wie die Kapitel über "Kinderwunsch
und Beruf" sowie über den "Negativen Kinderwunsch" bereits gezeigt haben, hängt die
geringe Kinderzahl neben der verlängerten Ausbildungszeit der Frau und deren
beruflichem Engagement in diesen Schichten besonders mit dem Wunsch nach
Verwirklichung vieler Pläne vor der Elternschaft und der lange andauernden Reflek-

tion über den Kinderwunsch zusammen. Dagegen weist die Unterschicht viele Frühehen und generell kurze bzw. keine Ausbildungszeiten auf (McKaughan 1990, S. 50).

Bei durch zwei Einkommen gesichertem Lebensstandard bedeutet die Entscheidung zum Kind wegen der dadurch bedingten Berufsaufgabe der Frau einen erheblichen Einkommensverlust, der mit dem nur sechs Monate einkommensunabhängig gewährten Erziehungsgeld von monatlich 600,00 DM nicht aufgewogen werden kann. Dagegen wirkt die besagte Leistung der Versorgungsämter bei Sozialhilfebezug oder Arbeitslosigkeit einkommensverbessernd, weil das Erziehungsgeld nicht auf die Sozialhilfe angerechnet wird, demnach also zusätzlich zur Verfügung steht (o.V. 1990, S. 419). Wer nicht erwerbstätig ist, kann dadurch sein Einkommen zumindest in einem gewissen Zeitraum durch ein Kind aufbessern, was als ein Grund für die Gebärfreudigkeit bei Unterprivilegierten gelten könnte.

Als weiterer Grund zählt die bereits beschriebene Berufsflucht von Frauen mit geringem Gehalt, was ebenfalls die Geburtenrate der unteren Schichten erhöht (Pelz 1988, S. 239).

Die Entbehrungen durch ein Kind in Zeit, Geld und Energie scheinen in höheren Schichten mehr ins Gewicht zu fallen, dort trotz weitaus besserer finanzieller Möglichkeiten bewußter zu sein. Dies läßt in der Unterschicht wiederum nach der Geburt eines Kindes objektiv größere Einschränkungen und damit erhebliche Unzufriedenheiten der Eltern befürchten.

Neben dem Einkommen ist Wohnraum ein weiterer wichtiger Faktor für Unterschiede im generativen Verhalten. So signalisiert eine Standardwohnung in der Mittelschicht beispielsweise die Beschränkung der Kinderzahl, während viele Kinder in engen Wohnverhältnissen als Indiz für die Unterschicht gelten (Wingen 1980, S. 31 f.). Auch in diesem Punkt fällt auf, daß auf die Entfaltungsmöglichkeiten der Kinder in unteren Schichten wenig Rücksicht genommen zu werden scheint.

Im Gegensatz zu Jugendlichen aus gehobeneren Klassen legen unterprivilegierte junge Menschen wenig Wert auf Ausbildung und den Entwurf eines Lebensplans, sondern fliehen scheinbar ohne Berücksichtigung der Erfahrungen im Elternhaus in eine konfliktbeladene Frühehe (Pelz 1988, S. 240; Ayck/Stolten 1978, S. 92 ff.). Sie wollen mit Hilfe eines jungen Partners das oft problematische Elternhaus verlassen und "spielen" dann eigene Familie. Der in dieser Phase häufig akut auftretende Kinderwunsch soll gemäß des Vorbildes der Eltern das Bild abrunden, die Selbständigkeit manifestieren und Lebenssinn schaffen (Beck-Gernsheim 1989, S. 94 f.). Äußerungen von jungen Schwangeren oder Müttern im Teenageralter verdeutlichen, daß das Kind statt als Mensch mit Recht auf ein eigenständiges Leben eher als Puppe im Familienspiel angesehen wird:

> "Wann ich mir das erste Mal ein Kind gewünscht hab? Mit 15, glaub ich. Wenn ich die Frauen draußen auf der Straße mit dem Kinderwagen sah, dann war ich immer neidisch, daß ich keins hab. Deswegen freu ich mich schon." (aus Kerner 1984, S. 65).

> "Am besten gefallen mir Kinder, wenn sie klein sind, schön kuschelig. Ich wünsch mir ein Mädel so sehnsüchtig, ... schön die Haare flechten und so süße Kleider anziehen." (ebd. S. 66).

> "Ich wollte das Kind, um einen Lebenssinn zu haben. Das war egoistisch. Doch ich dachte, wenn ich ein Kind hab, weiß ich, wofür ich da bin. Dann kann ich jemanden liebhaben. ... Ich wollte Freude geben, ohne daß das lächerlich wirkt und das kann ich mit 'nem Kind. Das kann ich zeigen, mit dem kann ich weggehen, das ist bei mir." (ebd. S. 71).

Eine im Obdachlosenasyl tätige Sexualpädagogin bestätigt die Vermutung, daß der Kinderwunsch immer desto stärker zu sein scheint, je schlimmer die Realität ist. Es ist in solchen Kreisen "nicht das Interesse der Mädchen, kein Kind zu bekommen, sondern das Interesse der Sozialarbeiter." (ebd. S. 89).

Dagegen führt Unsicherheit in der beruflichen Situation oder Arbeitslosigkeit bei unverheirateten Frauen in höheren Schichten eher zur momentanen Ablehnung der Erfüllung eines sowieso meist kritischen Kinderwunsches (Schmitz-Köster 1987, S. 17).

Neben wenigen Ausnahmen, in denen bei geringem Lebensstandard die Beanspruchung durch ein Kind bewußt ist und man sich "ein Kind nicht zu leisten wagt" (Ayck/Stolten 1978, S. 69; Beck/Beck-Gernsheim 1990, S. 142 f.), kann aufgrund der Darstellung von Motiven zum Kind in der Unterschicht der Eindruck gewonnen werden, daß nicht oder zu wenig an die Lebenschancen des Kindes gedacht wird, dort die Opfer der Kinderaufzucht nicht bekannt sind oder nicht bedacht werden (Pelz 1988, S. 240; Ayck /Stolten 1978, S. 12 f.). Daraus soll nun nicht im Umkehrschluß abgeleitet werden, daß den Kinderwünschen der oberen Schichten keinerlei Mißtrauen entgegengebracht zu werden braucht - wie bereits dargestellte generelle Problematiken gezeigt haben. Die Ausmaße des Elends für Kinder halten sich wegen der mit der besseren Soziallage verbundenen Möglichkeiten, der eingeschränkten Kinderzahl und der Reife der Eltern aufgrund des meist höheren Lebensalters jedoch in Grenzen. Die Chancen des Kindes, sich dort negativen Einflüssen zu entziehen, sind meines Erachtens höher einzustufen als in unteren Schichten.

Die Diskussion verschiedener Aspekte des Kinderwunsches hat gezeigt, daß es oft an Empathie gegenüber dem Kind im Kinderwunsch mangelt, d.h., zu wenige Überlegungen um das Kind zentriert sind und dies bereits in der Wunschvorstellung seiner Eltern für deren Bedürfnisse mißbraucht wird. In diesem Sinne hier das exemplarische Eingeständnis einer Mutter:

> "Ich ... habe mich dann in das Kind geflüchtet. Es war ein ganzes Stück Egoismus dabei - übrigens bei jedem meiner Kinder." (aus Leyrer 1989, S. 133).

Im Kinderwunsch ist demnach bereits die Wurzel des an diesem Punkt noch vermeidbaren Elends von Kindern begründet, was die erste der ausgangs des Kapitels 2.4 aufgeführten These bezüglich der Ursachen des heutigen Alptraums für Kinder bereits bestätigt.

Auch die zweite These über die ausgelassenen guten und zu oft genutzten schlechten Bedingungen konnte hinsichtlich der Entscheidungsgrundlage aus Tomans Modell beim Einfluß des sozialen Umfeldes auf den Kinderwunsch ebenfalls bejaht werden. Diese These bleibt noch Gegenstand der nun folgenden Untersuchungen des Entscheidungsverhaltens.

Die oberste Ebene in Tomans Modell wird nun verlassen, um sich der mittleren Ebene und damit dem Entscheidungsverhalten zuwenden zu können.

5. Erfüllung des Kinderwunsches

Wie sich das individuelle generative Verhalten gestaltet, ist unter besonderer Berücksichtigung der spontanen Entscheidung und des Zufalls Inhalt des Kapitels über das Planungsverhalten, während die Überlegungen auf der mittleren Ebene von Tomans Modell bezüglich des Problembewußtseins im Kapitel über den Konflikt zwischen Schwangerschaft und Abtreibung behandelt werden.

Am Ende des Abschnitts über die Erfüllung des Kinderwunsches wird mit der Darstellung der Alltagswirklichkeit nach der Geburt eines Kindes bereits die letzte Ebene des Modells erreicht, die des Entscheidungsergebnisses.

5.1 Planungsverhalten

Neben dem bei der Diskussion der verschiedenen Aspekte des Kinderwunsches bereits mehrmals erwähnten Erstellung des Lebensplans, dem oft langwierigen Prozeß bei der bewußten oder unbewußten Auseinandersetzung mit dem eigenen Kinderwunsch, steht nun mit dem Verhütungsverhalten die praktische Planungsphase im Mittelpunkt. An dieser Stelle vollzieht sich bereits der Übergang zur Elternschaft, dessen Grundstein bereits bei der Aufnahme der Gedanken an ein Kind im eigenen Lebensplan gelegt wurde (Gauda 1990, S. 40).

Kinderwunsch, Lebensplanung und Verhütungsverhalten sind eng miteinander verknüpft. Inwiefern sich diese Faktoren zu generativem Verhalten ergänzen können, zeigen folgende Beispiele aus einer Untersuchung des Planungsverhaltens:

a) Kinderwunsch positiv - Zeitpunkt der Schwangerschaft wird dem Zufall überlassen

b) positiver Kinderwunsch zu bestimmtem Zeitpunkt ohne Nachdenken - vorher Verhütung der Schwangerschaft

c) rationale Entscheidung sowohl in Bezug auf Kinderwunsch, Planung und Zeitpunkt - Situation nach der Geburt wird antizipiert, Alternativen in Abwägung geprüft (Urdze/Rerrich 1981, S. 47).

Leider tritt Empathie gegenüber den kindlichen Bedürfnissen in Kinderwunsch und Planungsverhalten - wie in den Fällen von Beispiel c) am ehesten zu vermuten - scheinbar nicht oft auf, denn 54 % aller ersten und 55 % der zweiten Kinder kommen trotz guter Verhütungsmöglichkeiten ungeplant zur Welt (Ayck/Stolten 1978, S. 178; Amendt 1990, S. 22). Die Notwendigkeit der Verhütung befürworten zwar 84 % aller Paare, realisieren diese jedoch nur zu 34 %, wobei zwei Drittel der Verhütungslast von der Frau getragen werden (Kühler 1989, S. 17; Oeter/Wilken 1981, S. 22). Offenbar sind die meisten Kinder also auch heute noch Ergebnis einer Verhütungspanne. Dazu kommt noch, daß auch die geplanten überwiegend unüberlegt gezeugt werden, wie die Untersuchung der Kinderwunschmotive bereits vermuten ließ (Dessai 1985, S. 90).

Zur Erklärung des dargestellten nachlässigen Verhütungsverhaltens werden der Einfluß von Emotionalität, Körperbewußtsein, jugendliches Alter und allgemeinen Faktoren behandelt. Dabei wird die zweite These der Arbeit bezüglich der zu oft genutzten schlechten Bedingungen für Kinder zentrales Thema sein:

Weil Verhütung und Sexualität untrennbare Komponenten sind, ist der Einfluß von Emotionalität auch auf das Verhütungsverhalten gravierend. Spontaneität, Hingabe und Leidenschaft stehen in offensichtlichem Widerspruch zu unromantischem Verhalten, wie z.B. Vernunft, Planung und Vorsorge (Pelz 1988, S. 236). Konkret auf den Sexualakt bezogen bedeutet dieser Konflikt, daß bei intensiven Gefühlen und Hingabe jegliche Rationalität ausgeschaltet, alle Angst - auch die vor einer Schwangerschaft - vergessen zu sein scheint (Meyer e.a. 1990, S. 71). Zu Lasten des Schwangerschaftsrisikos tritt die Erfüllung der Sexualität und die Nähe zum Partner in den Vordergrund. Dabei ist das Unvermögen vieler Frauen, dem Partner "Nein" zu sagen, nicht zu vergessen (ebd., S. 73; Ayck/Stolten 1978, S. 2): Im Bezug auf die Partnerschaft gehen manche Frauen das Risiko einer Schwangerschaft klar kalkuliert ein, um damit die Liebe ihres Freundes zu testen, die Liebe zum Partner mit einem Kind sichtbar zu machen oder das junge Glück mit einem neuen Partner zu besiegeln (Kerner 1984, S. 89; Meyer e.a. 1990, S. 32 ff.):

> "Wenn du echt verliebt bist, dann spielst du schon mal mit dem Gedanken an ein Kind, und wenn die äußeren Bedingungen noch so übel sind." (aus Sichtermann 1984, S. 29).

Es gibt offensichtlich Beziehungen und Situationen, in denen rationales Verhalten nicht praktiziert werden kann (Pelz 1988, S. 236). Die möglichen Folgen des Sexualaktes werden dabei nicht berücksichtigt, was Konrad Stettbacher zurecht scharf verurteilt:

> "Heute muß sich jeder zeugungsfähige Mensch bei sexuellen Begegnungen darüber klar sein, was er will: ein erotisches Liebeserlebnis oder in Liebe ein Kind zeugen. Falls ein Kind gezeugt werden soll, muß dies in Verantwortung für das zukünftige Leben geschehen. Ein Kind unwissend oder als Spielzeug ins Leben zu setzen ist ein Verbrechen." (Stettbacher 1990, S. 128).

Von der geschilderten allgemeinen Problematik der Emotionalität sind Menschen im jugendlichen Alter besonders betroffen, weil sowohl die Gefühlswelt als auch das Bewußtsein für den eigenen Körper den Schwankungen dieser Zeit unterworfen sind. Hinzu kommt bei Jugendlichen noch mangelnde Aufklärung, unzureichende Verhütungskenntnisse und -praxis, Scham vor offenen Gesprächen mit den Eltern, Angst vor Frauenärzten und schließlich der sogenannte "jugendliche Leichtsinn." (Helfferich 1983, S. 87; Kerner 1984, S. 66 ff.). Zur Veranschaulichung der ganzen Problematik ist die folgende Aussage einer 17-Jährigen dienlich, die nach Konflikten mit den Eltern und Scheu vor dem Frauenarzt schwanger wurde:

> "da war mir alles egal und hab trotzdem mit dem Jungen geschlafen. ... Ich hab mir im Grunde keine Sorgen gemacht, mir hat's wohlgetan, wenn ich mit dem Typ im Bett lag und Liebe, Zuwendung und Zärtlichkeit bekam, die mir sonst niemand gab. In dem Moment hab ich total abgeschaltet, scheiß drauf, wird schon schiefgehen. Ja, und dann bin ich eben schwanger geworden." (aus Kerner 1984, S. 95 f.).

Der Einfluß der Religion auf das Planungsverhalten ist wegen der Ablehnung sicherer Verhütungsmittel evident (Pohl 1980, S. 60; Ayck/Stolten 1978, S. 179; Jürgens/Pohl 1975, S. 62). Daneben ist - wie auch beim Kinderwunsch - der Einfluß des sozialen Umfelds auf das Verhütungsverhalten zu erkennen, denn in unteren Schichten wird die Verhütung deutlich inkonsequenter praktiziert (Kerner 1984, S. 66 ff; Ziebell e.a. 1992, S. 33). Als Gründe dafür können die Tendenz dieser Schicht zum traditionellen Rollenverständnis, die momentane finanzielle Belastung und Unannehmlichkeit bei der Beschaffung von Verhütungsmitteln, der erschwerte Zugang zu medizinischen Institutionen und die Unfähigkeit zu effektiver Kontrazeption mangels Bildung genannt werden (Oeter/Wilken 1981, S. 38; Ayck/Stolten 1978, S. 178). Im Gegensatz zu höheren Schichten fehlt eine realitätsbezogene positive Einstellung zum Lebensplan und zur Familie (McKaughan 1990, S. 37). Wegen der schlechten allgemeinen Situation am unteren Rand der Gesellschaft tendiert man dort eher zu einer fatalistischen Einstellung - man riskiert mehr, weil man nichts zu verlieren hat (Jürgens/Pohl 1975, S. 54). Dazu kommt noch die generelle Neigung, unmittelbare Unannehmlichkeiten zugunsten eines Fernziels nicht in Kauf nehmen zu wollen, so daß die momentane Belastung durch die Beschaffung und Benutzung eines Verhütungsmittels schwerer wiegt als das Risiko einer real noch nicht greifbaren Schwangerschaft und den mit ihr verbundenen späteren, objektiv weitaus bedeutsameren Problemen.

Auch das Verhütungsverhalten bestätigt somit die zweite These der Arbeit über die zu oft genutzten schlechten Bedingungen für Kinder als Ursache des heutigen Alptraums, weil nicht nur im Kinderwunsch, sondern auch im Planungsverhalten deutlich geworden ist, daß Menschen mit problematischem Charakter oder in schlechter allgemeiner Situation nachlässiger verhüten und dadurch die Zeugung eines Kindes bewußt oder unbewußt riskieren. Demgegenüber steht die bewußte Lebensplanung und konsequente Kontrazeption von Menschen, die mit sich und ihrer Situation zufrieden sind, die Veränderungen durch ein Kind eher bedenken und deshalb wahrscheinlich in der Lage sein werden, sich gegenüber den Bedürfnissen eines Kindes in empathischer Distanz zu verhalten.

Es hat sich deutlich gezeigt, daß die persönlichen Konflikte neben dem Kinderwunsch auch das Planungsverhalten bestimmen und damit der bereits im Kinderwunsch festgestellte Mangel an Empathie noch verstärkt wird. Immer klarer wird die Notwendigkeit, daß zukünftige Eltern erst die eigenen Wertschätzungen ins Reine bringen müssen, um dann sowohl in ihren Wunschvorstellungen von der geplanten Familie als auch im Sexualverhalten bereits die Verantwortung für die jederzeit mögliche Zeugung neuen Lebens übernehmen zu können.

5.2 Schwangerschaft und Abtreibung

Mit den Überlegungen nach der Zeugung, die sich nach Tomans Modell um das Umfeld, die eigene Person, den Partner und das Kind zentrieren, ist die letzte Stufe des Entscheidungsverhaltens auf der mittleren Ebene im Modell erreicht. Am Ende dieses Kapitels fällt die endgültige Entscheidung für oder gegen das Kind, womit die dritte Ebene des Modells generativen Verhaltens erreicht wird.

Das Kind ist nun gezeugt und steht bei den dieses Kapitel abschließenden Auswirkungen des Schwangerschaftskonflikts auf das ungeborene Leben bereits im Mittelpunkt. Vorab wird jedoch der Entscheidungsprozeß zwischen Schwangerschaft und Abtreibung mit seinen Konsequenzen für das Leben der Frau im Zentrum der Diskussion stehen.

Die Kinderwunschmotive erhalten in den ersten Monaten der Schwangerschaft nochmals Aktualität, weil die Konsequenzen des geschilderten Planungsverhaltens in irgendeiner Form getragen werden müssen. Der Erwünschtheitsgrad von Schwangerschaften deckt sich im Bezug auf das soziale Umfeld mit den bisherigen Ergebnissen im Kinderwunsch und Planungsverhalten, wie folgende Tabelle verdeutlicht:

	gesamt	Unter-schicht	Mittel-schicht	Ober-schicht
Das zu erwartende Kind ist zu diesem Zeitpunkt oder überhaupt nicht erwünscht	48 %	55 %	47 %	25 %
Das erwartete Kind ist erwünscht	49 %	42 %	52%	71 %
Das erwartete Kind ist erwünscht und bewußt geplant	32 %	27 %	33 %	50 %

(Oeter/Wilken 1981, S. 41)

Wie zu erwarten war, sind Werte für Planung und Erwünschtheit in der Oberschicht am höchsten. Die Unerwünschtheit der Schwangerschaft ist in der Unterschicht am häufigsten vertreten (Amendt 1990, S. 30 ff.).

Es müßte jeder Frau immer bewußt sein, daß sie vom Eintreten einer Schwangerschaft theoretisch bis etwa zum 50. Lebensjahr jederzeit überrascht werden kann (Biermann-

Vender 1987, S. 49). Trotzdem wird für viele erst beim Eintreten einer ungewollten Schwangerschaft ihre Ambivalenz in Kinderwunsch und Planungsverhalten deutlich. Sie haben nicht nur bei eigentlich negativem Kinderwunsch in dieser Situation mit widerstreitenden Gefühlen zu kämpfen (Meyer 1984, S. 34). Denn es ist psychisch unbelastend, eine Schwangerschaft zu verhüten, nicht aber deren Abbruch (Ziebell e.a. 1992, S. 142). Dies muß bei der Betrachtung von Unerwünschtheit bei etwa der Hälfte aller Schwangerschaften als sehr problematisch erachtet werden (Amendt 1990, S. 26). Eine Ausnahme bildet der Abbruch als bewußte Verhütungsmöglichkeit, den manche in vielfacher Zahl ohne psychische Probleme durchführen lassen (Meyer e.a. 1990, S. 68 ff.; Schicht 1987, S. 200). Ebenso führt die Schwangerschaft als provozierter Fruchtbarkeitstest meist zur leichtfertigen Abtreibung (Helfferich 1983, S. 82).

Die Schwangerschaft stellt immer einen Konflikt dar, weil zwei Leben beteiligt sind - das der Mutter und das des Kindes (ebd. S. 100). Es muß sich daher teilweise leider erstmalig oder bei vorherigen Überlegungen erneut mit der Entwicklungsmöglichkeit des Kindes konkret auseinandergesetzt werden. Der Fötus bildet dabei in den ersten Schwangerschaftswochen eine ideale Projektionsfläche für Wünsche und Ängste (ebd. S. 84; Gauda 1990, S. 44).

Die Konfrontation mit einer ungewollten Schwangerschaft kann die elementarste Krise im Leben einer Frau darstellen, die lebenslang schwere psychische Folgeerscheinungen nach sich ziehen kann (Leyrer 1984, S. 93; Meyer e.a. 1990, S. 91). Das Bewußtsein darüber steht im Konflikt mit den um das Kind zentrierten Überlegungen. Daher kommen in Schwangerschaftsberatungen Gefühle und Reaktionen von Frauen zutage, "die in ihrer Vielfalt, Heftigkeit und Gegensätzlichkeit ... die ganze Bandbreite der Dynamik von Kinderwunsch, Fruchtbarkeit, Partnerschaft und Identität widerspiegeln." (Meyer 1984, S. 84).

Zu dem persönlichen Konflikt strömen Einstellungen der Gesellschaft und des Umfeldes auf die Schwangere ein: Für weite politische Kreise und Kirche ist Abtreibung tabu - die Frauen sollen deren Meinung nach für ihr Fehlverhalten büßen (Helfferich 1983, S. 84). Durch die im Juni 1992 vom Bundestag beschlossene Fristenlösung mit Beratungspflicht ist der Tötungsvorwurf zwar entschärft, aber immer noch vorhanden.

Gleichzeitig wird die Forderung nach abgesicherter, verantwortungsbewußter Mutterschaft zur Vermeidung von Lasten für die Gesellschaft gefordert - ein eigentlich auf gesellschaftlicher Ebene bestehender Konflikt der Kinderfeindlichkeit in diesem Punkt in die Frauen projeziert. Selbstzweifel und Schuldgefühle werden durch die Pathologisierung unerwünscht schwangerer Frauen verstärkt, ohne diesen konkrete Hilfsangebote zu liefern (Helfferich 1983, S. 100 f.).

Besonders tragisch ist der Konflikt bei der Ablehnung der Schwangerschaft seitens des Partners, der sich bis zur Entscheidung zwischen Kind und Partner zuspitzen kann - "sie soll das wieder in Ordnung bringen." (Ziebell e.a. 1992, S. 145). Jede Beziehung wird durch die unerwünschte Schwangerschaft auf die Probe gestellt und häufig aus Enttäuschung über die ablehnende Reaktion des Partners eine Bruchstelle der Liebe (Helfferich 1983, S. 95 f.). Bei schwerwiegenden Partnerschaftskonflikten, nach einer belastenden Abtreibung oder mehrfach überforderter Mutterschaft flüchten einige Frauen aus Verzweiflung in die Sterilisation, richten ihre Ohnmacht und Hilfslosigkeit gegen den eigenen Körper (Meyer 1984, S. 32 f.; Ziebell e.a. 1992, S. 48 ff.). Denn die psychische Belastung einer oder weiterer Abtreibungen ist von ihnen nicht mehr tragbar, weil sie jahrelange Traurigkeit, Verzweiflung oder Gedanken an das ungeborene Kind bedeuten kann (Schmitz-Köster 1987, S. 158).

Leider führen auch gute äußere Bedingungen zur Abtreibung, weil die Frau sich nichts zutraut, ambivalent oder "sinnlich verschlossen" ist (Sichtermann 1984, S. 29):

> "Plötzlich habe ich an mir selbst diese Ambivalenz gespürt, vom Kopf her war das völlig klar, aber als ich schwanger war, war es für mich schon eine sehr schwere Entscheidung. Ich habe dann trotzdem die Schwangerschaft unterbrechen lassen, und danach ging es mir wieder gut." (aus Ziebell e.a. 1992, S. 142).

Oder die Umwelt nimmt der Frau die Reflektion über ihre Entscheidung ab und verunsichert sie:

> "Ich habe Frauen getroffen, denen der eigene Kinderwunsch so sehr zum Problem geredet wurde, ... daß der Fötus, wenn es dann soweit kam, nur in Gestalt eines Fragezeichens den Uterus bewohnt haben kann." (Sichtermann 1980, S. 45).

Dagegen kann trotz schlechter ökonomischer und sozialer Bedingungen bei befriedigendem Sexualleben und guter Partnerschaft das Kind sogar bei ungeplanter Schwangerschaft erwünscht sein (ebd., S. 29). Auch sogenannte "Unfälle" können zu Wunschkindern werden, wenn Eltern von der Schwangerschaft nicht überfallen worden sind und Verantwortung für ihre Lust getragen haben (Leyrer 1989, S. 91). Denn das Wissen um Leben in sich verändert die Einstellung vieler Frauen und läßt in Vorfreude auf die neuen Erlebnisse Muttergefühle aufkommen:

"Es war mir völlig klar, daß ich die Verantwortung für ein Kind nicht übernehmen wollte. Aber die Frage, ob ich ein Kind kriegen will, die war viel schwieriger zu entscheiden, weil ich denke, Schwangerschaft und Geburt sind etwas sehr Elementares." (aus Ayck/Stolten 1978, S. 38).

In der Regel wird das erste Kind eher akzeptiert als abgetrieben (ebd., S. 178). Das liegt neben den Erfahrungen mit dem ersten Kind auch daran, daß Kinderkriegen - egal in welcher Situation - bei weitem nicht so verurteilt wird wie die Abtreibung. Auch wird die Bereitschaft zur Adoptionsfreigabe wegen der Abstempelung der Mutter zur "Rabenmutter" eingedämmt, obwohl sie in vielen Fällen der empathischste Weg für das Kind wäre (Helfferich 1983, S. 96; Leyrer 1989, S. 93). Trotzdem sollte abtreibenden Frauen kein Vorwurf gemacht werden, wenn sie nach reiflicher Überlegung feststellen, daß das Kind nicht willkommen wäre. Denn weder eine Beratungsstelle noch ein Arzt können der Frau letztendlich die Entscheidung abnehmen. Sie allein muß entscheiden, ob der Entfaltung eines Kindes in ihrem Leben Platz eingeräumt werden kann:

"Ich halte es für einen Akt der Barmherzigkeit, einem ungewollten Kind sein unerwünschtes Leben zu ersparen." (Schicht 1987, S. 17).

Arthur Janov geht sogar so weit, daß er bei den heutigen Möglichkeiten der Geburtenkontrolle und relativ einfach durchzuführender Abtreibung generell das Recht abspricht, ein Kind auszutragen und es danach zu vernachlässigen. Er fordert gleichzeitig eine ganz klare und eindeutige Entscheidung zwischen Mutterschaft und anderen Interessen (Janov 1977, S. 243)

Mutter zu werden sollte daher keiner Frau staatlich aufgezwungen werden. Eine 1966 in der ehemaligen DDR durchgeführte Untersuchung von Situationen nach abgelehnten Abtreibungsersuchen (50 % aller Anträge) manifestiert diese Forderung mit ihren Ergebnissen über das oft tragische Schicksal von Mutter und Kind nach ungewollt ausgetragener Schwangerschaft (Amendt 1990, S. 27 ff.). Die Studie brachte abschließend folgende Erkenntnis:

"Eine Frau geht für zwei Dinge durch die Hölle. Ein Kind zu bekommen, das sie sich wünscht, oder eines nicht zu bekommen, das sie sich nicht wünscht." (ebd., S. 28).

Die letzte Aussage kann auch hinsichtlich des Befindens eines ungeborenen Kindes während der Schwangerschaft unterstützt werden, da sich Schwangerschaftskonflikte auch schon negativ auf den Embryo auswirken können (Janov 1977, S. 20). Angefangen vom negativen Kinderwunsch kann sich eine ablehnende Einstellung zur Schwangerschaft in Schwangerschaftsbeschwerden, Frühwehen oder mangelnder Versorgung des Kindes im Mutterleib auswirken. Darin läßt sich auch die überdurchschnittlich hohe Frühgeburtenrate bei unerwünschten Schwangerschaften erklären (Toman e.a. 1979, S. 72; Kühler 1989, S. 27 ff.; Amendt 1990, S. 90). Gerhard Rottmann untersuchte 1974 die Einstellungen zur Schwangerschaft im Bezug auf die fötale Entwicklung und kategorisierte dabei vier Muttertypen:

1. die ideale Mutter (33 %)
2. die kühle Mutter (16 %)
3. die ambivalente Mutter (24 %)
4. die katastrophale Mutter (27 %)
                    (Bier-Fleiter 1985, S. 42 ff.; Amendt 1990, S. 63 ff.)

Die Korrelation zwischen Verhaltensauffälligkeiten der Säuglinge und dem Grad der Ablehnung durch die Mutter war in den Untersuchungen klar festzustellen (Fengler 1989, S. 39).

Es sollte daher aus Empathie zum Kind auch während der Schwangerschaft nie vergessen werden, daß diese den Fötus auf das Menschsein vorbereitet und die Neurose neben organischen Schäden durch Fehlverhalten der Mutter bereits dort ihre Ursache finden kann (Janov 1977, S. 20; Amendt 1990, S. 164). Auch wird auf die Problematik schwieriger Geburtsverläufe mit möglichen traumatischen Folgen für das Kind und die spätere Mutter-Kind-Beziehung verwiesen, welche ebenfalls auf der negativen oder ambivalenten Einstellung der Mutter zur Schwangerschaft beruhen können (Stettbacher 1990, S. 119 ff.; Janov 1977, S. 35 ff.). Dazu der Erfahrungsbericht einer Mutter nach ungewollter Schwangerschaft:

"Seit der Geburt wußte mein Kind, was ich ihm angetan habe. Wirklich, ich glaube, es ist irgendwie geschädigt worden. Jedenfalls lehnte mein Kind mich von Anfang an ab, das heißt, es verweigerte die Brust anzunehmen, zu essen oder auf meine Bemühungen einzugehen." (aus Amendt 1990, S. 92).

Nach den Schilderungen von Schwangerschaftskonflikten und dem Hinweis auf traumatische Folgen aus schwierigen Geburtsverläufen für die Mutter-Kind-Beziehung stehen im nächsten Kapitel bei der Darstellung des Alltags mit dem Kleinkind völlig unproblematische Bedingungen im Mittelpunkt. Thema sind normale Alltagsprobleme mit einem Kleinkind, die weder durch fehlenden Kinderwunsch, ungeplante Schwangerschaft oder schwierigen Geburtsverlauf von vornherein negativ beeinflußt wurden. Damit soll das Bewußtsein für die große Aufgabe der Elternschaft geweckt werden, die unabhängig von äußeren Bedingungen in jedem Fall auf werdende Eltern zukommt.

Daß die Gefahr der Verstärkung von generellen Umstellungsproblemen nach der Geburt des Kindes durch weitere Widrigkeiten im Umfeld oder bei hinzukommenden Problemen aus einer ungewollten Schwangerschaft heraus noch verstärkt werden können, ist dabei natürlich nicht auszuschließen und sollte bei der Betrachtung einkalkuliert werden.

5.3 Alltagswirklichkeit

In diesem Kapitel wird das Alltagsleben mit dem Kind als Produkt des geschilderten Entscheidungsprozesses behandelt. Wie ausgangs des letzten Kapitels erwähnt wurde, werden dabei objektiv unproblematisch erscheinende Bedingungen und Einstellungen zugrunde gelegt. Es soll sich nämlich nun klären, ob die in den Kinderwunschmotiven genannten Hoffnungen der Eltern hinsichtlich Selbstbewußtsein, Selbstverwirklichung, Partnerschaft und Beruf durch das Kind erfüllt werden oder ob ungeahnte Probleme den Alltag dominieren.

Werdende Eltern mit Kinderwunsch und geplanter Schwangerschaft malen sich häufig aus, daß sie nach der Geburt des Kindes ihre bisherigen Lebensgewohnheiten beibehalten können (Bullinger 1990, S. 47). Eine umfassend positive Einstellung vor der Geburt bewahrt jedoch nicht vor Schwierigkeiten im Alltag mit dem Kleinkind. Denn die in den Kinderwunschmotiven erhoffte Glückseligkeit bleibt meist aus (Pelz 1988, S. 241). Ganz im Gegenteil entpuppt sich die Schwangerschaft oftmals als "Ruhe vor dem Sturm", wie Elisabeth Beck-Gernsheim in ihrem Buch mit dem treffenden Titel "Mutterwerden - ein Sprung in ein anderes Leben" in anschaulicher Weise schildert:

> "Wenn man schwanger ist, kauft man neue Kleider, ... legt die Beine hoch und stellt endlose Betrachtungen über jede Veränderung des eigenen Körpers an. ...Und was passiert, wenn das Baby da ist? Man legt nie mehr die Beine hoch, lebt von weggeworfenen Keksen, trägt alte Hemden mit Flecken von erbrochenen Bananen und muß den ganzen Tag eine vollbeladene Babytasche herumschleppen. ... Jahre, wo man nur noch als entnervter Putzlumpen im Hintergrund des Babys herumhängt und nie mehr gelobt wird." (aus Beck-Gernsheim 1989, S. 134).

Das vorher unvorstellbare Maß der Veränderung mit einem Kind wird allgemein als "Erstkindschock" bezeichnet (Kühler 1989, S. 12 f.; Urdze/Rerrich 1981, S. 53). Beim ersten Kind gilt scheinbar die Formel "Denn sie wissen nicht, was sie tun." (Beck-Gernsheim 1984, S. 74). Eine Untersuchung mit dem Ergebnis der abnehmenden Freude über weitere Schwangerschaften im Vergleich zur ersten bestätigt diese Annahme ebenfalls (Pohl 1980, S. 45).

Die Umstellung der Lebensweise nach der Geburt eines Kindes gehört gemäß vieler Studien explizit zu den gravierendsten Belastungen der Elternschaft (Urdze/Rerrich 1981, S. 65). So hat sich die Mehrzahl das Leben mit dem Kind einfacher vorgestellt und besonders das sofortige Mutterglück nach der Geburt vermißt. Sogar bei vorhandenem Praxisbezug mit Kindern fanden nur 10 % ihre Vorstellungen bestätigt. Der Rest gab zu, eher diffuse, positiv gefärbte Gefühle und Gedanken über das Leben mit einem Kind gehabt zu haben (Dessai 1985, S. 90; Urdze/Rerrich 1981, S. 65):

"Die Zeit nach der Geburt war sehr scheußlich, vielleich auch deshalb, weil ich mich zuvor in einen rosa Himmel gesteigert hatte. Zuerst körperlich, war es schlimm, dann kam das seelische noch dazu." (aus Urdze/Rerrich 1981, S. 54).

Sofern das Kind zur Intensivierung der Partnerschaft in die Welt gesetzt wurde, entpuppt sich dieses als kraftraubender Eindringling. Für viele Paare steht ohne bei der Kinderbetreuung entlastendes Umfeld der Verzicht an erster Stelle. Denn das Kind kennt keine 40-Stunden-Woche und läßt den Eltern nur Zeit für ihre Bedürfnisse, wenn bei der Befriedigung seines Willens etwas übrigbleibt (Ayck/Stolten 1978, S. 83; Beck-Gernsheim 1989, S. 128; Urdze/Rerrich 1981, S. 57):

"Wir fühlten uns so gefordert von unserem Sohn, sind immer müde und abgeschlafft, daß unsere Beziehung ganz hinten ansteht." (aus Beck-Gernsheim 1989, S. 131).

Zudem brechen zur allgemeinen Unzufriedenheit in der Elternschaft wieder traditionelle Verhaltensmuster auf, die durch die unterschiedlichen Rollen nach der Berufsaufgabe der Frau bedingt werden und den Berufsverlust für die Frau in der oft ungeliebten Hausfrauenrolle noch erschweren (Bullinger 1990, S. 75; Kerner 1985, S. 80 ff.):

"Während er sich an seinem Arbeitsplatz in einer Gruppe integrieren konnte, war ich fast den ganzen Tag allein. Während sein Bedürfnis zu reden abends erschöpft war, war ich ausgehungert nach Kommunikation und Zuwendung." (aus Bullinger 1990, S. 77).

Nach dem ersten glücklichen Moment der Geburt eines Kindes häufen sich offenbar die Stoßseufzer junger Eltern über die ungeahnten Belastungen. Es ist daher nachvollziehbar, daß die Ehe in den Fällen der Benutzung des Kindes zum Beziehungszweck meist noch stärker auseinanderdriftet als vor der Geburt (Ayck/Stolten 1978, S. 116; Bullinger 1990, S. 43).

Zu der geschilderten ungeahnten zeitlichen Belastung durch ein Kind prallen nun die elterlichen und kindlichen Bedürfnisse aufeinander:

Das gewohnte Interesse der Eltern war vor der Geburt eines Kindes Selbstverwirklichung in Freizeit, Konsum, Partnerschaft und sozialen Kontakten (Beck-Gernsheim
1989, S. 50 ff.). In ihren Wünschen sollte das Kind zur Weiterentwicklung der
Selbstverwirklichung dienen. Sobald es aber da ist, muß auf vieles zugunsten des
Kindes verzichtet und dessen Interessen als die eigenen verinnerlicht werden, d.h., die
freie Entfaltung des Kindes soll als Zentrum seiner Aktivität als empathischer Anwalt
seiner Bedürfnisse gefördert werden (vgl. Kapitel 2.3 über die "Erziehungswirklichkeit"). Hinzu kommt noch, daß die Bindung des Kindes an seine Bezugspersonen bis
zum Alter von ca. drei Jahren geschützt werden sollte, weil bereits die nur
stundenweise Abwesenheit aller Bezugspersonen beim Kind, vor allem in ungewohnter
Umgebung, traumatisierende Wut und Trauer auslöst, denn die innere Repräsentanz
des abwesenden Liebesobjekts kann gemäß Mahler erst nach Vollendung des 3.
Lebensjahres bewahrt werden (Fengler 1989, S. 38; Rutter 1978, S. 45 ff.; Nyssen
1991, S. 45). Das bedeutet für empathische Eltern die unbedingte Verfügbarkeit eines
Elternteils in den ersten drei Jahren:

> "Den ganzen Tag mit den Kindern zusammenzusein ist das Problem. Freude
> macht es nur einen Teil der Zeit. Da ist auch dieser Streß, diese Mühe. Sie sind
> aufreibend, kosten Nerven und Energie. Du hälst nicht 24 Stunden durch, daß da
> jemand dauernd etwas von dir will. Du mußt sie andauernd beschäftigen, du bist
> dauernd angebunden, du kommst nicht weg." (aus Biermann-Vender 1987, S. 51).

Über die Strapazen der Bedürfnisbefriedigung von Kindern sind sich viele vorher nicht
im klaren und werden deshalb von der Wandlung des ersehnten Wunschkindes in ein
"egoistisches, gefräßiges kleines Monster" überrascht (Schmitz-Köster 1987, S. 94;
Roos/Hassauer 1982, S. 232).

Simone de Beauvoir hat den Kompromiß zwischen den Eltern und dem anarchistischen
Wesen eines Kindes provokativ, aber treffend beschrieben:

> "Das Kind zerbricht, zerreißt, beschmutzt, es bedeutet eine ständige Gefahr für
> die Gegenstände und sich selbst. Es tobt herum, es schreit, es plaudert, es
> macht Lärm. Es lebt sein eigenes Leben und dieses Leben stört das der Eltern.
> Ihr eigenes und sein Interesse decken sich nicht, daher der Konflikt." (Beauvoir
> 1968, S. 500).

Der "Erstkindschock" trifft trotz aller Warnungen deshalb so hart, weil viele weder in
Familie noch in einer Bildungsinstitution auf die spätere Elternschaft vorbereitet
wurden, statt dessen andere Dinge im gesellschaftlichen Mittelpunkt standen
(Schmitz-Köster 1988, S. 9):

"Es ist unglaublich, daß der Ferntourist in Afrika und Asien schon lange keinen Kulturschock mehr erlebt, dafür aber den Baby-Schock in den eigenen vier Wänden." (Wingen 1980, S. 31).

Es hat sich gezeigt, daß die Einschätzungen beim negativen Kinderwunsch die Alltagswirklichkeit am realistischsten getroffen haben und dies auf offenbar oft falsche Vorstellungen im Kinderwunsch hindeutet.

Trotzdem sollen auch hier - wie beim Kapitel über den negativen Kinderwunsch - neben aller ernstzunehmenden Probleme die positiven Seiten des Lebens mit dem Kleinkind nicht vergessen werden. Schließlich wird in diesem Beitrag nicht angestrebt, für Kinderlosigkeit zu werben, sondern für verantwortungsvolle Elternschaft einzutreten. Deshalb ist zu erwähnen, daß nach einer verzweifelten Talsohle mit Unsicherheit und Belastung der Alltag von einem Kind bereichert werden und die Elternrolle bei akzeptierter Mühe dann Selbstbestätigung, Freude und Anerkennung mitsichbringen kann. Vom Vollzug des endgültigen Übergangs zur Elternschaft kann nämlich nicht automatisch mit der Geburt, sondern erst bei angenommener und eingespielter Elternrolle gesprochen werden (Gauda 1990, S. 40):

"Dadurch, daß ich gemerkt habe, daß ich das kann und daß ich dazu tauge, war ich von Tag zu Tag glücklicher. Und wie ich gesehen habe, daß sie mich braucht und daß sie sich freut, wenn ich komme ... ist es schöner und inniger und lustiger geworden." (aus Urdze/Rerrich 1981, S. 57).

In diesem Kapitel ist der Normalfall von Alltagswirklichkeit geschildert worden. Deshalb ist zu betonen, daß in der Regel - trotz aller Belastungen der ersten drei Jahre - die Entscheidung zum Kind von den Eltern nicht bereut wird. Kaum jemand will sein Kind missen, weil für die Belastung ihre Liebe und ihr Wesen entschädigt (Schicht 1987, S. 198; Hoffmann 1988, S. 17).

Es sollte durch die Ausführungen deutlich geworden sein, daß Elternschaft - abgesehen von den gesundheitlichen Risiken für Mutter und Kind - ein Wagnis und ein Abenteuer darstellt und man auf die größte Lebensaufgabe gut vorbereitet sein sollte. Dies muß bei der Entscheidung zum Kind bewußt sein, um als empathischer Anwalt den glücklichen Lebensweg eines Kindes begleiten zu können.

Zum Ende des Abschnitts über die Erfüllung des Kinderwunsches wird eine Zusammenfassung von Bedenken und Chancen der Elternschaft durch ein Zitat von Ekkehard von Braunmühl dargestellt:

"Ein Kind in die Welt zu setzen ist ein Abenteuer. Das muß man sich klarmachen. Schwächliche Leute tun sich schwer mit dem Dasein als Abenteurer. Aus einer Position der Stärke heraus ist das Abenteuer Elternschaft entschieden leichter zu bestehen. Weder für eine Frau noch für einen Mann gehört es dazu, ein Kind zu haben. Wir leben nicht mehr im Urwald. Es braucht eine echte, wohlüberlegte Entscheidung, Eltern zu werden, sonst warten schlimme Ent-Täuschungen. Wer aber Kraft besitzt und Abenteuerlust, Neugierde und Offenheit für neue Erfahrungen, der kann sich ohne Angst in das Erlebnis Elternschaft stürzen: Ich wüßte nicht, welche Lebenszeit nach Dauer und Intensität einem Menschen mehr Glück geben kann als die Zeit mit Kindern, die Zeit für Kinder." (Braunmühl 1978, S. 133).

6. Auswirkungen von Kinderwunschmotiven auf die Entwicklungsbedingungen der Kinder

Die Schilderungen der Normalbedingungen im Alltag nach der Geburt hat gezeigt, daß die Ankunft eines Kindes nie genau mit den Erwartungen vorher übereinstimmt und Elternschaft daher ein Risiko bedeutet. Auch muß glückliche Mutterschaft nicht die logische Konsequenz der Geburt eines gesunden Kindes sein, wie dies nach den Prüfungen der Schwangerschaft und Geburt eigentlich zu erwarten wäre (Mannoni 1972, S. 14). Das Fehlen dieser Konsequenz wird problematisch erscheinenden Kinderwunschmotiven zugeschrieben, die im Laufe der Zeit nicht kompensiert werden können. Diese sind zusammen mit deren Auswirkungen auf die Kinder Diskussionsgrundlage in den folgenden Kapiteln, bevor dann auf Verbesserungsmöglichkeiten eingegangen wird.

Nachdem das Modell von Toman in den Abschnitten 4 und 5 der Arbeit vollständig behandelt worden ist, stellt der nun folgende Abschnitt die Querverbindung zu Abschnitt 2 der Arbeit dar. In jenem wurden anhand der Beschreibung von heutiger Kindheit Thesen zum Kinderwunsch als mögliche Ursache für den teilweise noch immer vorherrschenden Alptraum der Kindheit herausgearbeitet. Nun stehen zur abschließenden Erörterung dieser Thesen spezielle, für problematisch erachtete Kinderwunschmotive im Hinblick auf die Entwicklungsbedingungen der Kinder im Mittelpunkt. Von der Ebene der Kinderwunschmotive, auf der seit dem Erstellen der Thesen am Ende von Kapitel 2.4 untersucht wurde, gelangt man nun wieder zurück zum Ausgangspunkt, zur Situation der Kinder.

6.1 Problematik aus Täuschung im Kinderwunsch

Mit der Täuschung im Kinderwunsch und dem neurotischen Kinderwunsch werden Problematiken für erwünschte Kinder diskutiert. Mit Täuschung im Kinderwunsch ist dabei das leichtfertige Erzeugen von Kindern zu einem bestimmten unbewußten

Zweck gemeint, während bei neurotischem Kinderwunsch die Probleme heißersehnter Wunschkinder aus einem unbedingten Kinderwunsch heraus behandelt werden.

Wie die Belastungen aus dem "Erst-Kind-Schock" gezeigt haben, stellen Eltern allgemein nach der Geburt eines Kindes fest, daß dieses weitaus mehr von ihnen fordert, als sie vorher angenommen haben. Statt des Elternglücks steht dann für viele junge Familien der Verzicht im Vordergrund. Zu spät machen sie sich Gedanken darüber, wie sie zu Kindern stehen und ob sie bereit sind, die jahrelangen Belastungen einzugehen (Ayck/Stolten 1978, S. 83). In der Literatur wird immer wieder die Vermutung geäußert, daß zwar nicht die Mehrzahl, aber immerhin manche Eltern kinderlos bleiben würden, wenn sie nochmals vor die Entscheidung gestellt würden (Schmitz-Köster 1987, S. 25). Einige unterlagen dabei offensichtlich einer Täuschung im Kinderwunsch:

> "Der entscheidende Punkt ist, daß die Gründe für den Kinderwunsch, die wir uns einreden, häufig nicht mit den unbewußten Motiven übereinstimmen." (Janov 1977, S. 19).

Man sollte sich darüber deshalb im klaren sein, daß in persönlichen Kinderwunsch-motiven unbewußte Bedürfnisse verschüttet sein können, in die das Kind vom ersten Tag an einbezogen wird. Zur Täuschung über die eigenen Bedürfnisse kommt noch die "Blauäugigkeit" hinzu, daß die Eltern oft ein falsches Bild vom Kind haben und in diesem ein süßes, aufgeputztes Spielzeug sehen, das sie bei Lustlosigkeit oder Müdigkeit wieder weglegen können (ebd., S. 39). Dieses sogenannte "Puppensyndrom" wurde bereits in der Diskussion verschiedener Aspekte des Kinderwunsches als unempathisch erachtet. An diesem Punkt setzen leider auch Politik und Industrie-werbung an, welche mit ihrer Kampagne gegen den gefürchteten Geburtenrückgang die "Blauäugigkeit" vieler Leute mit ihrer Verherrlichung des Elternglücks unter-stützen. Die plakatierte "heile Familie beim Sonntagsspaziergang" aus Broschüren und der Werbung unterstützt die Hoffnung auf mehr Lebensqualität durch problemlose Elternschaft. Leicht verfallen dann "blauäugige" Elternanwärter in durch das "Pup-pensyndrom" verursachte Träumereien und reduzieren damit das Kind in gefährlicher Weise zum Vorzeigeobjekt und anspruchslosen Begleiter auf allen Lebenswegen. Elternleid und Kindesmißhandlung bleiben dagegen als Tabuthemen zur Wahrung der "heilen Welt" hinter den Fassaden.

Im anschließenden Teil des Kapitels werden nun einzelne Täuschungen im Kinder-wunsch anhand der Realität nach der Geburt des Kindes beispielhaft aufgedeckt:

- Die größte Ent-Täuschung erleben Eltern allgemein in der Kinderfeindlichkeit unserer Gesellschaft, die erst im Alltag mit dem Kind spürbar wird. Zwar wird um Kinder geworben, dann aber diesen materielle Werte und kinderfeindliche Bedingungen entgegengesetzt (Beck-Gernsheim 1989, S. 119; Ayck/Stolten 1978, S. 196).

- Einer Täuschung im Kinderwunsch unterliegt beispielsweise auch eine Frau, die ihre besondere Weiblichkeit für Männer in der Mutterschaft zur Schau stellen will. In der Realität erweist sich dann die Unvereinbarkeit von Mutterschaft und aufreizender Attraktivität. Eine solche Mutter wird ihre Kinder zugunsten teurer Kleidung und Abendvergnügungen vernachlässigen.

Das Selbstbewußtsein einer unausgeglichenen Frau sollte daher nie mit einem Kind zu festigen versucht werden, weil allgemeine Unausgeglichenheit und Unzufriedenheit der Mutter die Alltagsschwierigkeiten mit dem Kind meist noch verstärken (Janov 1977, S. 18 ff.).

- Wie bereits an vielen Stellen der Diskussion verschiedener Aspekte von Kinderwünschen klar wurde, ist das Kind oft Vehikel unausgelebter Autonomiebedürfnisse. Statt dieser Rolle gerecht zu werden, bindet es seine Eltern in der Realität nur noch mehr an. Weil bewußt gesuchte Selbständigkeit durch die Belastung eines Kindes nur noch schwerer erlangt werden kann, erweist sich der Kinderwunsch insbesondere bei jungen Leuten und in Krisensituationen als Sackgasse in einer Scheinautonomie (Bullinger 1986, S. 21; Ayck/Stolten 1978, S. 92).

An dieser Stelle ist auf die trügerische Hoffnung der Verbesserung von Lebensweg und Situation durch ein Kind in unteren sozialen Schichten zu verweisen. Wie Kapitel "Kinderwunsch und soziales Umfeld" gezeigt hat, erschwert besonders frühe Elternschaft neben den dort allgemein schlechten Startbedingungen die persönliche Entfaltung.

- Oft unterliegen auch die Kinderwünsche zur Identitätsfindung einer Täuschung. Mit dem Kind als Bindeglied soll ein verlorenes und ersehntes Zuhause konstruiert werden (Meyer 1984, S. 33 ff.). Nach der Niederkunft bereitet das Kind in extremen Fällen bereits die erste Ent-Täuschung, weil statt der Verschmelzung zur Identitätsfindung der Mutter ein von dieser getrenntes Wesen mit eigenen Bedürfnissen eintrifft. Es besteht hier die Gefahr, daß sich die Mutter von Anfang an in ihrem Kind täuscht und dies mit einem Phantasiebild vom Kind reparieren will (Mannoni 1972, S. 67).

Diese Art von Täuschung wird im folgenden Kapitel über den neurotischen Kinderwunsch noch weiter vertieft.

- Wie durch Ausführungen an anderer Stelle bereits zu erwarten war, erweist sich der Kinderwunsch zur Verbesserung der Partnerschaft verbreitet als Täuschung. Ein Kind als Ausdruck der Liebe und Verbundenheit, als gemeinsames Drittes oder als Problemlösung belastet in der Regel die Beziehung noch mehr, die Hoffnung auf Verbesserung erweist sich als Trugschluß (Meyer 1984, S. 34 ff.; Bullinger 1990, S. 43). In diesem Zusammenhang wird auch auf eine Untersuchung verwiesen, die ergab, daß kinderlose Paare in der Regel harmonischer und zufriedener zusammenleben können (Ayck/Stolten 1978, S. 195).

Entsprechend der Vermutungen aus den dargestellten Täuschungen im Kinderwunsch, bewahrt der positive Kinderwunsch nicht vor schlechten Lebensbedingungen für Kinder, denn:

"Das Motiv, der gefühlsmäßige Grund, sich ein Kind zu wünschen, ist bei vielen Menschen bereits objektiv kinderfeindlich." (Braunmühl 1978, S. 131).

Seit ein Kind nicht mehr als Gabe Gottes gilt, sondern als gewolltes Objekt seiner Eltern, kann man seine Existenz auch subjektiv bereuen. Eine amerikanische Studie ergab beispielsweise, daß ein ersehntes und geliebtes Wunschkind möglicherweise in Konkurrenz zu materiellen Bedürfnissen, wie z.B. Auto oder Urlaub, getreten sein und unter der Unzufriedenheit der Eltern über den Verzicht auf diesen Luxus zu leiden haben kann (Braunmühl 1975, S. 65 f.)

Bei der Vorstellung der Maslow'schen Bedürfnispyramide in Kapitel 3.3 wurde es bereits als problematisch erachtet, wenn ein Kind zur Aufbesserung der eigenen Wertschätzung, als Prestigeobjekt und zur Selbstverwirklichung dient. Diese Befürchtung erweist sich nun als realistisch, weil ein Kind als Ersatz für andere Werte in unempathischer Weise für die Belange seiner Eltern mißbraucht wird, statt in Respekt vor dessen Bedürfnissen auf seinem Lebensweg begleitet zu werden. Solche kinderfeindlichen Motive sollten daher vor einer verantwortungsvollen Elternschaft ent-täuscht werden.

Im einzelnen können sich aus den exemplarisch aufgeführten Täuschungen im Kinderwunsch folgende negativen Folgen für die Entwicklungsbedingungen der Kinder
ergeben:

Ein besonders schlimmer Fall für die Identitätsbildung des Kindes liegt vor, wenn die
Mutter aufgrund der Täuschung im Kinderwunsch keine Beziehung zum Kind aufbauen
kann oder sich in ihrer Mutterrolle so unsicher ist, daß sie den Gedanken an
Adoptionsfreigabe hegt (Kerner 1984, S. 110). Dies ist vermehrt bei Teenager-
Müttern der Fall, die für sich verfrühte und falsche Entscheidungen getroffen haben.
Folgende Äußerungen einer 18jährigen Mutter verdeutlicht dies:

> "Ich habe immer ein schlechtes Gewissen, wenn ich sage, ich hätte doch
> abtreiben sollen. Das Kind wollte ich aus Bock, echt, aus dem Grund hab ich
> auch geheiratet. ... Vor zehn Wochen haben wir geheiratet und jetzt lassen wir
> uns scheiden. Das war ein Fehler von mir, wie alles ..." (aus Kerner 1984, S. 71).

Offensichtlich sind auch die drohenden seelischen Probleme für Kinder, die schei-
ternde Ehen retten sollten und dann zwischen den Elternteilen hin- und hergezerrt
werden:

> "Es wäre verantwortlicher gewesen, wenn wir keine Kinder gehabt hätten. So
> sehe ich jeden Tag, was wir unserer Tochter und unserem Sohn angetan haben.
> Die müssen doch später voller Angst vor einer Partnerschaft sein." (aus
> Ayck/Stolten 1978, S. 106).

Neben den seelischen Problemen aus der Täuschung im Kinderwunsch, die aus der
Projektion von Zukunftsängsten der Eltern auf die Kinder und der Ausbildung des
"falschen Selbst" als Reaktion auf die allgemeine Unzufriedenheit der Eltern bzw. aus
Angst vor Sanktionen bedingt werden (vgl. Kapitel "Erziehungswirklichkeit" und
"Erwartungen der Eltern an ihre Kinder", 2.3 und 2.4), können auch physische
Mißhandlungen psychische Probleme bis zur Sucht oder Suizidgefahr von Jugendlichen
führen (Ayck/Stolten 1978, S. 21 ff.). Denn nach dem Bewußtwerden der Täuschung
im Kinderwunsch lehnen die Eltern das Kind möglicherweise ab und versuchen, die
entstandenen Konflikte mit Erziehungsgewalt zu lösen (Petri 1991, S. 40). Eine
verzweifelte Mutter in der beschriebenen Situation:

> "Jetzt macht er nicht nur mich kaputt, jetzt zerstört er auch noch unsere Ehe."
> (aus ebd., S. 35).

Einer besonders akuten Mißhandlungsgefahr ist das Kind im Alter ab ca. 9 Monaten
ausgesetzt, wenn es beweglicher, eigenständiger und damit für die Eltern strapaziöser

wird und mit deren Leben nicht mehr vereinbar zu sein scheint. In diesem Moment zerplatzen oft endgültig die Träume der Eltern, die die Enttäuschung über die Nichterfüllung der Wünsche dann möglicherweise an ihrem Kind auslassen (Braunmühl 1975, S. 55):

> "... dann haben die schon ihren Kopf und können einem richtig gezielt auf die Nerven gehen. Ich hab auch schon mal gedacht, oh, ich könnte die jetzt umbringen. Dann hab ich aber gestockt , das darfst du nicht denken. Aber das Wort "umbringen" hab ich gedacht. Da war'ne Hemmschwelle weg, und das nächste Mal hab ich's schon laut gesagt. ... Das ist halt 'ne Nervensache, echt 'ne Nervensache." (aus Kerner 1984, S. 25).

Mit der Darstellung der Gefahren für das kindliche Wohl aus der Täuschung im Kinderwunsch, die zu den allgemein ungeahnten Belastungen des Alltags mit dem Kleinkind hinzukommen, haben sich die im Kapitel über die "Erwartungen der Eltern an ihre Kinder" geäußerten Befürchtungen für das Wohl des Kindes auch in der heutigen Zeit bestätigt. Somit ist nun auch die dritte These der Arbeit erwiesen und damit die Täuschung im Kinderwunsch als eine hauptsächliche Ursache für die Mißhandlung von Kindern ergründet. Denn die Enttäuschungen von Eltern über die ausgebliebene Erfüllung falscher Hoffnungen und demgegenüber noch eingetretene Konfliktverschärfungen bzw. Einschränkungen im Leben entladen sich leicht am Kind als dem vermeintlichen Urheber der Unzufriedenheit und als dem schwächsten Glied der Gesellschaft.

Analog der ersten These des Beitrags kann daher bemerkt werden: Würde im Kinderwunsch bereits mehr Empathie bewiesen und damit vielleicht nur ein glücklicherer Zeitpunkt für die Elternschaft erwählt werden, könnte der heutige Alptraum für Kinder sicherlich entschärft und für manche Kinder gänzlich vermieden werden.

6.2   Problematik aus neurotischem Kinderwunsch

In diesem Kapitel stehen nun die ersehnten Wunschkinder aus einem unbedingten Kinderwunsch heraus im Mittelpunkt. Vorab ist zum bewußt starken Kinderwunsch anzumerken, daß auch dahinter eine unbewußte Ablehnung des Kindes versteckt sein kann und deshalb aus diesem Bereich ebenfalls Fälle in die Statistik der ungewollten Schwangerschaften (ca. 50 %) aufgenommen wurden (Amendt 1990, S. 160).

Am Beispiel des neurotischen Kinderwunsches wird der Teufelskreis des Wiederholungszwanges besonders drastisch deutlich, weil eine Neurose das Symptom eines in der Kindheit wurzelnden Konflikts darstellt (Laplanche/Pontalis 1973, S. 325) und die Schwangerschaft vielfach eine Folge neurotischer Bedürfnisse ist. Denn wie es für Neurotiker üblich ist, wollen sie andere Personen - hier das Kind - ihren Bedürfnissen gerecht umformen und für deren Befriedigung einspannen (Janov 1977, S. 204). Die Eltern haben zwar die feste Absicht, ihren Kindern all das zu geben, was sie selbst entbehrt haben, befriedigen damit aber meist ihre eigenen Bedürfnisse. Das Kind steht dann unter Leistungsdruck, um den Erwartungen der Eltern gerecht werden zu können und soll diesen für deren Aufopferung zu ewiger Dankbarkeit verpflichtet sein (de Parseval/Janaud 1986, S. 20; Janov 1977, S. 244; Biermann-Vender 1987, S. 59).

Enttäuscht die Leistung des Kindes die Erwartungen der Eltern nicht und entwickelt es dazu noch Merkmale der positiven Identität der Eltern, wird es als besonders liebenswert empfunden. Andernfalls können Eltern dazu neigen, im Kind ihre negativen Merkmale wiederzuerkennen und das Kind aus eigenen Defiziten heraus abzulehnen (Richter 1963, S. 50). Um seinen Eltern zu gefallen und deren Liebe zu erhalten, entwickelt das Kind dann das besagte "falsche Selbst" und kann mangels Empathie für seine Bedürfnisse keinen gesunden Narzißmus entwickeln (Miller 1979, S. 29; 1980, S. 122).

Die im Kapitel 2.4 bereits vermuteten Gefahren im Kinderwunsch bestätigen sich, denn mit dem Kind kommt Leben in die "verborgene Kammer" der eigenen Tragik (1988, S. 251). Dieses kann die größte narzißtische Wunde - nicht als das, was man war, geliebt worden zu sein - jedoch nicht heilen (1979, S. 139). Der Kinderwunsch ist hier also Ausdruck großer eigener Bedürftigkeit. Als Vater oder Mutter will man für ein Kind wichtig sein und als etwas gelten, das Kind wiederum soll die vermißte Liebe schenken (Janov 1977, S. 16; Miller 1979, S. 130 ff.).

Kaum jemand hat so klar, einfühlsam und engagiert den prägenden Einfluß der frühen sozialen Umwelt beschrieben, wie es Horst Eberhard Richter in seinem Buch "Eltern, Kind und Neurose" getan hat (1981, S.258). In diesem Zusammenhang ist auch auf die Studien der Dolto-Schülerin Maud Mannoni zu verweisen, die aufgrund ihrer Beobachtungen sogar annimmt, daß ein Kind mit mentaler Debilität als Symptom auf Defekte der Eltern oder auf eine neurotische Familiendynamik reagieren kann. Sie legt dabei die besondere Tragik bei einem wirklich organisch kranken oder behinderten Kind dar, weil die narzißtischen Träume der Eltern mit dem Schockerlebnis nach der Geburt sofort zerplatzen (Mannoni 1972, S. 11; S. 19 ff., S. 69 ff.).

Mit dem Risiko eines behinderten Kindes im Hinterkopf, das die zu schildernden Probleme noch verstärken würde, wird nun näher auf die Rollenproblematik innerhalb einer Familie eingegangen, die sich bereits im Kinderwunsch widerspiegeln kann. Denn Kinder werden oft von vornherein in eine sie überfordernde Rolle gedrängt, die sich in deren Entwicklung bis ins Erwachsenenalter negativ auswirken kann (Richter 1963, S. 260 ff.). Folgende Rollen werden dem Kind im einzelnen zugespielt:

- Das Kind soll als narzißtischer Substitut wirken, d.h., fehlende mütterliche Fürsorge ausgleichen und als Quelle von Bestätigung, Trost, Betreuung und liebevoller Zuwendung dienen. Es wird in dieser Rolle meist als Erwachsener oder zumindest nicht seinem Alter entsprechend behandelt (Petri 1991, S. 42; de Parseval/Janaud 1986, S. 20).

- Auch kann das Kind als Substitut des positiven oder negativen Selbst dienen. Es wird dann mit eigenen Konflikten verwechselt und verstärkt bereits im Kinderwunsch positive Merkmale der eigenen Person (Petri 1991, S. 53; Richter 1963, S. 77, S. 89 ff.). Im Kind wird gesucht, was der Erwachsene selbst ist, war, sein möchte oder nicht sein darf. Es dient als Hoffnungsträger für den Ausgleich eines Mangels an Selbstwertgefühl oder als Sündenbock (ebd., S. 155 ff.). Von Stierlin wird dieses Verhaltensmuster auch Konzept der "Delegation" genannt (Petri 1991, S. 52).

- Um defizitäre oder problematische Beziehungen des Erwachsenen zu ersetzen oder zu verbessern, kann das Kind als Gattensubstitut, Geschwistersubstitut oder als Substitut für eine Elternfigur bzw. eine wichtige Person früherer Generationen in die Welt gesetzt werden (Richter 1963, S. 89 ff., S. 104 ff.).

- Wie schon mehrmals erwähnt, wird das Kind häufig zu Partnerschaftszwecken benutzt und als umstrittener Bundesgenosse in die bestehende Familiendynamik hineingeboren (ebd., S. 227 ff.; Bauriedl 1988, S. 143). Es soll die "Leerstelle" zwischen seinen Eltern ausfüllen oder den Machtkampf zwischen Mann und Frau bereichern (1988, S. 132 ff.). Im Gegensatz zu Alice Miller sieht Thea Bauriedl die Anpassungsversuche des Kindes nicht in einem dyadischen, sondern in einem triadischen Konzept zwischen Vater und Mutter (ebd., S. 152). Das Kind läuft in diesen Fällen Gefahr, bittend und bettelnd zwischen streitenden Eltern vermitteln zu müssen und fühlt sich für deren Glück oder Unglück verantwortlich (Janov 1977, S. 17).

Aus der geschilderten Rollenproblematik ergeben sich später Autonomieprobleme für das Kind, weil deren Loslösungsprozeß bei den Eltern teilweise schwere Kristen auslösen kann und es seine Dankbarkeit für die "eben nicht" selbstlose Aufopferung der Eltern in enger Bindung an sie beweisen muß (Beck-Gernsheim 1989, S. 109 ff.; Petri 1991, S. 51; Janov 1977, S. 15).

Wie eingangs dieses Kapitels bereits geschildert wurde, kann das Kind erneut ein "falsches Selbst" und damit ebenfalls eine Neurose ausbilden. Es orientiert sich möglicherweise im Wiederholungszwang an anderen Objekten und bildet später auf diese Weise gegebenenfalls erneut einen neurotischen Kinderwunsch aus (Richter 1963, S. 261 f.; Miller 1979, S. 132).

Die genannten psychischen Störungen sind Folge latenter seelischer Mißhandlung durch die Eltern, weil diese das Kind aus einer neurotischen Täuschung im Kinderwunsch heraus nicht als Zentrum seiner Aktivität anerkennen können. Neben der psychischen Mißhandlung gehört es zu den geläufigen psychologischen Erfahrungen, daß physische Mißhandlung besonders bei chronischen psychischen oder psychosomatischen Erkrankungen der Eltern auftritt (Richter 1963, S. 53; Petri 1991, S. 29). Elternliebe und Kinderwunsch schützen das Kind demnach nicht vor Mißhandlungen, denn die "Hiebe aus Liebe" sollten nicht unterschätzt werden (Braunmühl 1978, S. 19). Generell scheint das Wunschkind immer dann in Mißhandlungsgefahr zu geraten, wenn es die oft übersteigerten Erwartungen der Eltern nicht erfüllt und deren Idealvorstellungen damit nicht gerecht wird (Amendt 1990, S. 122).

Der neurotische Kinderwunsch stellt in besonders krasser Weise die Bedürfnisbefriedigung seitens der Eltern in der späteren kindlichen Rolle dar. Alle drei Thesen der Arbeit finden in der geschilderten Problematik ihren Ausdruck, denn

1. mangelt es hier an Empathie im Kinderwunsch, was die Entwicklungsbedingungen der Kinder beeinträchtigt,

2. werden bei psychisch kranken Eltern häufig schlechte Bedingungen für ein Kind genutzt und der Alptraum der elterlichen Kindheit in ihnen fortgesetzt und ist

3. in den falschen Hoffnungen, die in das Kind gesetzt werden, eine hauptsächliche Ursache für Kindesmißhandlungen zu sehen.

Es zeigte sich deutlich, daß auch heute noch Projektionen und Umkehrreaktionen statt Empathie im Kinderwunsch und gegenüber dem geborenen Kind vorherrschen, der von de Mause geschilderte Alptraum der Geschichte der Kindheit auch heute noch nicht beendet ist. Daher sollten folgende Wort von Arthur Janov besondere Beachtung finden:

> "... man sollte nicht Vater oder Mutter werden, wenn man nicht bereit ist, viel zu geben oder wenn man nicht viel zu geben hat. Wir haben allzu lange Neurosen von einer Generation zur nächsten weitergegeben, indem wir aus falschen Gründen Kinder in die Welt gesetzt haben." (Janov 1977, S. 243).

6.3 Lebensbedingungen unerwünschter Kinder

Wie die beiden letzten Kapitel zeigten, haben erwünschte Kinder aus dem meist nur oberflächlichen Kinderwunsch heraus keine Garantie für Glück und Erfolg im Leben. Das Kriterium "Erwünschtheit" sollte bei der Beurteilung seiner Bedeutung für die Lebensbedingungen von Kindern deshalb jedoch nicht unterschätzt werden. Denn ein unerwünschtes Leben verläuft meist weitaus leidvoller als ein erwünschtes, was folgende Ausführungen verdeutlichen werden (Amendt 1990, S. 163):

Neben der relativ hohen Anzahl von Schwangerschaftsabbrüchen gelten mehr als die Hälfte aller Kinder zum Zeitpunkt ihrer Geburt als unerwünscht (ebd., S. 26; Oeter/Wilken 1981, S. 13). Anhand des geringen Finanzierungsvolumens zur Erforschung der kindlichen Erwünschtheit wird deutlich, daß dieses elementare Problem gesellschaftspolitisch leider nicht anerkannt wird (Amendt 1990, S. 8 f.). Die Studie über "Das Leben unerwünschter Kinder" von Gerhard Amendt wurde zwar 1980 von der sozialliberalen Regierung in Auftrag gegeben und finanziert, deren Ergebnisse dann jedoch zehn Jahre zurückgehalten. Die erschütternden Ergebnisse sollten nicht zur Kenntnis genommen werden, weil sie eindeutig der Reform des § 218 und damit der Verurteilung abtreibender Frauen widersprochen haben (Fengler 1989, S. 34). In der 1990 veröffentlichten Ausgabe der Studie kritisierte Amendt daraufhin die patriarchalischen Interessen der BRD, die sich gegen die öffentliche Benennung des Problems kindlicher Unerwünschtheit verwehren und statt dessen alle Frauen auf dem idealisierten Thron der Mutterschaft sehen wollen (Amendt 1990, S. 9).

Wie sich die Unerwünschtheit von Kindern äußert und welche tragischen Folgen sie für deren Lebensbedingungen haben kann, soll folgende Darstellung zeigen:

Unheimlicher Kinderwunsch

Also meine Mutter wollte ein Kind obwohl sie in dieser Gesellschaft lebt. Trotzdem.

Hat es sich echt nich' leicht gemacht meine Mutter!

Meine Mutter war berufstätig hat sich politisch beschäftigt, hat monatelang in der Frauenbewegung mitgearbeitet. - Alles.

Aber irgendwie war das alles 'unheimlich theoretisch und total abgehoben von ihrer realen gesellschaftlichen Individualität ...

und dann hat meine Mutter durchgeblickt, daß es für sie 'unheimlich viel wichtiger ist ...

daß sie erstmal zu sich selbst findet ihre eigene Identität hinterfragt und ihrem Leben einen echten Sinn gibt.

Ja. Deshalb hat meine Mutter sich entschieden ein Kind haben zu wollen.

Unheimlich toller Entwicklungsprozeß von meiner Mutter.

Für mich wird das Leben viel leichter sein, weil meine Mutter ihre Erfahrungen an mich weitergibt.

Klar, mir werden diese Irrwege erspart bleiben

spätestens wenn ich 13 bin werd ich ein Kind kriegen - wenn ich Glück hab klappt's schon mit 12

Dann kann ich endlichmal meine Identität finden und meinem Leben einen Sinn geben.

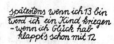

Eva H.

Aus: Eva H.: Küß mich, ich bin eine
verzauberte Geschirrspülmaschine, Oldenburg 1984

Im Kapitel "Kinderwunsch und Biographie" wurde bereits der Zusammenhang zwischen dem Kinderwunsch der Eltern und dem eigenen Kinderwunsch deutlich. So ist auch die Korrelation zwischen der Unerwünschtheit von Kindern mit der ehemaligen Unerwünschtheit deren Eltern empirisch erwiesen (ebd., S. 6). Ungewollte Kinder suchen als Erwachsene in besonderem Maße Liebe und Anerkennung, dies meist in der Sexualität. Dabei wollen viele nur ihren Spaß und lehnen dann ein möglicherweise entstehendes Kind als lästige Folge ab, empfinden es somit von Anfang an als Störfaktor in ihrem Leben (Janov 1977, S. 18). Das Kind reizt die Eltern durch seine bloße Anwesenheit, wobei der Wiederholungszwang zur Neuauflage des elterlichen Unglücks am Kind führen kann (Miller 1988, S. 29; Amendt 1990, S. 9). Es wird oft in aggressiver Weise feindseliger Kontrolle ausgesetzt oder in Gleichgültigkeit sich selbst überlassen (ebd., S. 96). Neben diesem offensichtlichen Liebesentzug können auch erhebliche Probleme für Kinder dadurch entstehen, daß die Eltern, die deren Unerwünschtheit leugnen, die bestehenden Schuldgefühle durch überbehütete Pflege und grenzenloses Verwöhnen des Kindes kompensieren (ebd., S. 92). Häufig wird die negative Einstellung zum Kind aus religiösen Gründen ins Unbewußte verdrängt, nach außen jedoch die Erwünschtheit des Kindes betont (Schicht 1987, S. 203). Wie in Kapitel 5.2 bereits beschrieben wurde, wirkt sich die eigentlich ablehnende oder ambivalente Haltung der Mutter jedoch bereits negativ auf die kindliche Entwicklung im Mutterleib aus und äußert sich dann in kindlichen Entwicklungsstörungen (Amendt 1990, S. 20).

Die lebenswichtige Wirkung mütterlicher Zuneigung zeigt sich allgemein am deutlichsten, wenn sie ausbleibt. So hat die Deprivationsforschung von mütterlichem Liebesentzug verursachte Krankheitsbilder beim Kind festgestellt, die bis zum körperlichen Zerfall des Säuglings führen können (ebd., S. 87; Spitz 1957, S. 86).

Aus der ablehnenden Haltung heraus ist das Kind in Gefahr, mißhandelt, vernachlässigt oder gar getötet zu werden (Amendt 1990, S. 129). Die Tötungsgefahr ergibt sich meist durch die Leugnung des negativen Kinderwunsches seitens der Mutter, die bei als normal geltender Überlastung durch das Kind aggressiv reagiert und dann möglicherweise im Affekt die unbewußte Ablehnung des Kindes in dessen Verletzung, schlimmstenfalls mit Todesfolge, abreagiert. Es erscheint daher besser, die negativen Gefühle gegenüber dem Kind zuzulassen, damit sich das Unterbewußte in einer Streßsituation nicht gefährlich entlädt. Daß Kinder eine Nervensache sind und Eltern diese manchmal deshalb verwünschen, soll daher als verständliche Reaktion akzeptiert und verarbeitet werden (Amendt in Ettenhuber 1992).

Der schweren Mißhandlung oder Kindestötung geht meist ein normales Lebenssignal oder eine verständliche Bedürfnisäußerung des Kindes, wie z.B. Schreien aus Hunger oder Müdigkeit, voraus. Eltern mit ablehnender Haltung gegenüber dem Kind können dies bereits als Bedrohung empfinden, die in ohnmächtiger Wut mit Gewalt umgehend abgestellt werden muß (Miller 1988, S. 53 ff.; Amendt 1990, S. 128).

Es scheint daher wichtig zu sein, daß die Überlastung mit dem Kind und die Fehlentscheidung zum Kind seitens der Eltern zugegeben und in Gesprächen eine Problemlösung gesucht wird. Dies ist in jedem Fall besser als weitere latente Mißhandlungen mit physischer und psychischer Gefahr für das unerwünschte Kind. Als Beispiel hierfür wird der verzweifelte Hilferuf einer ungewollten Mutter an ihre Umgebung angeführt, die für sich und ihr vierjähriges, mittlerweile völlig neurotisches Kind Hilfe erbittet:

"Es war der größte Fehler meines Lebens. Ich bin eine schlechte Mutter. Ich mag's nicht, es stört mich." (aus Schicht 1987, S. 203).

Ein beeindruckendes Beispiel für die gelungene therapeutische Hilfe an einem unterwünschten Kind und dessen Eltern bietet Virginia M. Axlines Bericht der Therapie des Jungen mit dem Namen "Dibs", der als Hoffnung auf effektive Hilfsmöglichkeiten in einer tragischen Familiensituation kurz skizziert wird:

Im Laufe der Behandlung löste sich die Mutter des Kindes aus ihrer Verschlossenheit und berichtete verzweifelt über die aus der Unerwünschtheit resultierenden Kommunikationsstörungen mit der Folge scheinbarer Debilität des Kindes:

"... ich habe versagt. Schon von Anfang an, als er noch ein Säugling war, konnte ich ihn nicht verstehen. Bevor ich Dibs bekam, hatte ich keine richtige Erfahrung mit Kindern oder Babys. ... Er machte soviel Kummer - er war so eine Enttäuschung vom Augenblick seiner Geburt an; seine Empfängnis war unbeabsichtigt. Er brachte alle unsere Pläne durcheinander. ... Mein Mann und ich waren sehr glücklich, bevor Dibs geboren wurde. Und als er geboren wurde, war es so anders. ... Eigentlich hat er mich vom Augenblick seiner Geburt an abgelehnt." (Axline 1978, S. 83).

Statt das Kind aus unbewußten Schuldgefühlen heraus mit materiellen Werten zuzuschütten, lernte die Mutter, Emotionen zuzulassen und erkannte, daß sie das Kind zum Symptom ihres Fehlverhaltens werden ließ. Durch eine frühzeitige Kindertherapie konnte Dibs die Folgen seiner Unerwünschtheit verarbeiten und sich dann altersentsprechend entwickeln (ebd., S. 213).

Das Leiden der großen Zahl unerwünschter Kinder ist vielfältig. Sie sind in ihrem Leben ohne entscheidende frühzeitige Hilfe einem höheren Risiko der Unzufriedenheit und der Benachteiligungen ausgesetzt (Fengler 1989, S. 36 ff.). Es ist wissenschaftlich erwiesen, daß sie auf ihre Unerwünschtheit mit psychischen Störungen, psychosomatischen Erkrankungen, Deliquenz, mangelnder Leistung, sozialer Unangepaßtheit, Sucht und Beziehungsproblemen reagieren oder bereits im frühen Kindesalter aufgrund der elterlichen Vernachlässigung Opfer von Unfällen oder mangelnder Gesundheitsvorsorge werden (Amendt 1990, S. 96 ff.; Bleuel 1971, S. 148 ff.). Besonders die durch die ablehnende Haltung der Eltern erzeugte Ich-Schwäche läßt keine Lebensfreude entstehen, wenn das unerwünschte Kind nicht durch Glück außerhalb der engsten Familie Liebe und Anerkennung findet (Schicht 1987, S. 203):

"Ich kann nicht leben, wenn ihr mich nicht wollt und nicht lieben könnt." (aus Stettbacher 1990, S. 117).

Aus den geschilderten Problemen resultiert auch die Suizidgefahr bei unerwünschten Kindern. Aufgrund der psychischen Störungen sind andere belastende Anlässe wie eine unglückliche Liebe, gestörte Familienverhältnisse, Schulprobleme oder Examensängste besonders schwerwiegend. (Amendt 1990, S. 137 ff.). Die aus der Unerwünschtheit resultierende Depression kann aber auch allein schon selbstzerstörend sein, wie das Gedicht der Lyrikerin Inge Müller, die als ungewolltes Kind 1966 Selbstmord beging, in bedrückender Weise veranschaulicht:

"Meine Mutter wollte mich nicht haben,
ich wollte die Mutter nicht.
Deshalb hab ich kein Gesicht -
bis sie mich begraben (aus Ettenhuber 1992).

In Anbetracht des geschilderten Elends muß Kritik an der Gesellschaft laut werden, die zwar für ungeborene Kinder eine Lobby bietet, aber für das Schicksal der unerwünschten Kinder nach der Geburt kein Interesse mehr zeigt. Nur spektakuläre Mißhandlungsfälle machen Schlagzeilen und erregen dann öffentliche Bestürzung. Das latente Leiden der Heimkinder oder derer in einer Atmosphäre der Unerwünschtheit innerhalb einer mißhandelnden Familie wird jedoch weitgehend ignoriert (ebd.) Elternschaft erfährt gesellschaftspolitisch vorbehaltlos Anerkennung, die Motive für die Elternschaft werden nicht kritisch hinterfragt (Amendt 1990, S. 166). Dabei sollte im Interesse aller auf die Opfer der Elternschaft bei der unwiderruflichsten und folgenreichsten Entscheidung im Leben in aller Deutlichkeit hingewiesen werden:

"Es ist unbestreitbar wichtig, daß eine Frau, die an Schwangerschaftsabbruch denkt, die richtige Entscheidung trifft, noch wichtiger aber ist es, daß sie die richtige Entscheidung fällt, wenn sie das Kind austragen will. Ein falscher Entschluß zum Kind kann nachhaltig verheerende Folgen für die ganze Familie haben." (ebd., S. 167).

Die Unerwünschtheit von Kindern kann mit ihrer Tragik als modernes Glied in der alten Kette von Kindesvernachlässigung, Kindesmißhandlung und Kindestötung angesehen werden und stellt damit leider die noch immer andauernde Präsenz des Alptraums der Kindheit dar. Solange die Zerstörungsmacht der psychischen Übergriffe an unerwünschten Kindern nicht wenigstens als gesellschaftliches Problem anerkannt wird, ist - entgegen den positiven Prognosen von de Mause hinsichtlich der Gegenwart - keine entscheidende Wende zur Humanisierung der Kindheit in Sicht (ebd., S. 5).

6.4 Voraussetzungen für positive Entwicklungsbedingungen

Bisher wurden in diesem Abschnitt die Lebensbedingungen von Kindern bei Täuschung im Kinderwunsch, neurotischem Kinderwunsch und Unerwünschtheit problematisiert. Dabei ist deutlich geworden, daß die Ablehnung eines Kindes für dessen Entwicklung katastrophale Folgen hat, jedoch auch bei den beschriebenen Arten des positiven Kinderwunsches Gefahren für das Wohl des Kindes bestehen. Denn die Enttäuschungen über falsche Vorstellungen und unerfüllte Erwartungen werden häufig am Kind ausgelassen, welches zur Bedürfnisbefriedigung seiner Eltern dient und durch überfordernde Rollenzuweisung in seiner persönlichen Entwicklung gehemmt wird. Es steht daher nun die Frage zur Klärung an, wie der Kinderwunsch für positive Lebensbedingungen von Kindern beschaffen sein müßte.

Anhand der Theorien von Lloyd de Mause, Alice Miller und Ekkehard von Braunmühl wurden im einleitenden Teil der Arbeit die Bedingungen für das seelische Wohl des Kindes geschildert. Dieses sollte nicht als Erziehungsobjekt mit Erziehungszielen beherrscht, nicht für elterliche Bedürfnisse mißbraucht, vom Erwachsenen als "Zentrum seiner Aktivität" ernstgenommen und zur Entfaltung des gesunden Narzißmus seelisch und körperlich "begleitet" werden. Seine Bedürfnisse müßten vom Erwachsenen in empathischer Distanz ohne Projektionen und Umkehrreaktion befriedigt werden (vgl. Kapitel 2.1 bis 2.4).

Unter Beachtung dieser Grundsätze ist es die Aufgabe der Eltern, den Kindern zu Lebensgenuß und zu einer positiven Lebenseinstellung zu verhelfen. Dann werden sie von selbst aktiv und produktiv am Gesellschaftsleben teilnehmen und nach einem guten Start späteren Belastungen widerstehen können (Janov 1977, S. 233 ff.). Die Eltern müssen sich über die im Kapitel "Alltagswirklichkeit" geschilderten Belastungen im klaren sein und bedenken, daß das Kind kein Spielzeug ist und einfühlsame Hingabe benötigt:

"Die ersten Lebensmonate fordern die ständige Aufmerksamkeit der Eltern. Wer sich mit dem Gedanken trägt, ein Kind in die Welt zu setzen, sollte sich diese Notwendigkeit vor Augen halten." (ebd., S. 166).

Wenn nun die Belastungen der Elternschaft und die Bedürfnisse des Kindes als Voraussetzung zur empathischen Reaktion bedacht worden sind, wie kann dann der wirklich wahre, empathische Kinderwunsch definiert werden und ist dies eigentlich möglich?

Schon die Ausführungen zum Phänomen des Kinderwunsches haben gezeigt, daß von der Naturgegebenheit des Kinderwunsches nicht ausgegangen werden kann. Die Motivation zum Kind ist vielmehr ein Prozeß der Psyche und kann im Motivationsmodell von Maslow der Befriedigung von Zugehörigkeits- und Liebesbedürfnissen, Wertschätzungsbedürfnissen und dem Bedürfnis nach Selbstverwirklichung zugeschrieben werden (vgl. Kapitel 3.3). Ein gewisses persönliches Interesse motiviert den Menschen demnach dazu, eine ihm noch unbekannte Person in die Welt zu setzen.

Die Diskussion verschiedener Aspekte des Kinderwunsches und die Darstellung von Phasen der Erfüllung des Kinderwunsches haben gezeigt, daß ein gewisser Egoismus beim Kinderkriegen nicht zu verleugnen ist und die Einstellung zum Kinderhaben stets mit positiven und negativen Gefühlen verbunden ist (Amendt 1990, S. 19). Die Voraussetzungen für die wahre Ergründung des eigenen Kinderwunsches ist die Erkenntnis dieser Ambivalenz und die Einsicht, daß Kinderhaben sowohl mit einem gewissen Altruismus als auch mit Egoismus verbunden ist (Leyrer 1989, S. 95). Die Verfechter einer eindeutig positiven oder ausschließlich negativen Position zum Kinderhaben unterliegen daher meines Erachtens einem Irrtum und überspielen den unbewußten, natürlichen Zwiespalt in der Kinderfrage. Zur bewußten Auseinandersetzung mit dem Kinderwunsch ist jedoch sehr wichtig, daß die eigenen, persönlichen Interessen am Kind erkannt und eingestanden werden (Bullinger 1986, S. 32 f.; Schneider 1992, S. 38).

Die Autonomie beider Elternteile ist Voraussetzung dafür, daß auch das Kind selbständig leben kann (Bullinger 1986, S. 211). Ansonsten scheint statt dem gewissen natürlichen Egoismus als Begleiterscheinung des Kinderwunsches der Egoismus im Mittelpunkt der Kinderfrage zu stehen. Die Gefahr, daß das Kind nicht als Produkt der Liebe als etwas Eigenständiges gewollt wird, sondern als Mittel zum Zweck dient, ist dann unabweisbar (ebd., S. 43). Wenn dieses egoistische Motiv bewußt oder unbewußt vorherrscht, gelangt man wieder in die Problematik der Täuschung im Kinderwunsch oder in die des neurotischen Kinderwunsches.

Ein perfekter Kinderwunsch kann nicht benannt werden, auch benötigt man keine Übermenschen für eine verantwortungsvolle Elternschaft. Es ergibt sich für den Kinderwunsch mit positiven Entwicklungschancen für das Kind nur eine einzige, ganz klare Forderung:

EIN KIND DARF NICHT ALS MITTEL ZUM ZWECK IN DIE WELT GESETZT WERDEN!

Es muß vermieden werden, daß das Kind zur Verdeckung von Unzulänglichkeiten oder zur Füllung von Leerräumen im Leben seiner Eltern geboren wird (Ziebell e.a. 1992, S. 185). Ein wirkliches Wunschkind wird nämlich nur zur Freude der Eltern in die Welt gesetzt und ist damit kein "Sekundärgewinnkind", sondern ein "zweckfreies" Kind (de Parseval/Janaud 1986, S. 19). Wichtig ist nur, daß man Freude daran hat, ein Kind auf seinem Lebensweg zu begleiten und gern und gespannt zu erleben, wie es sich in Freiheit entwickelt:

> "Ich kann meine Kinder gelassen beobachten und mich daran erfreuen, wie sie groß werden." (aus Schneider 1992, S. 39).

Deshalb muß dringend daran appelliert werden, daß man sich vor der Entscheidung zur Elternschaft die Wünsche und Hoffnungen im Kinderwunschmotiv eingesteht. Kommt man dabei zur Einsicht, daß das Kind vorrangig einen Zweck im eigenen Leben erfüllen soll, d.h., eine vorhandene Unzufriedenheit beheben muß, sollte die Erfüllung des Kinderwunsches zumindest bis zur Verbesserung der eigenen Situation aufgeschoben werden. Denn es gilt:

> "Kinder sind kein Mittel und ein dankbares schon gar nicht, sich selbst zu finden oder zu verwirklichen. ... Sie haben ihre eigenen Pläne." (Leyrer 1989, S. 95).

Der empathische Kinderwunsch bewegt sich somit offenbar zwischen den beiden Extremen des Kindes als Mittel zum Zweck im unbedingten positiven Kinderwunsch (Täuschung oder neurotischer Kinderwunsch) und der Unerwünschtheit des Kindes.

Eine gewisse Distanz zum eigenen Kinderwunsch zur notwendigen kritischen Reflektion ist scheinbar nur im Bereich zwischen diesen Extremen möglich.

Es werden im folgenden Teil des Kapitels Vermutungen angestellt, in welchen Fällen ein empathischer Kinderwunsch vorkommen könnte:

Gute Entwicklungsbedingungen für Kinder würden sicherlich die Leute bieten, die den Kinderwunsch bzw. die Erfüllung eines Kinderwunsches für sich aus Zufriedenheit mit ihrem erfüllten Leben ablehnen, jedoch eigentlich kinderlieb sind. Sollten sich diese doch noch irgendwann zu einem Kind entscheiden, ist sowohl die positive Einstellung zum Kind vorhanden als auch die Gefahr gedämmt, daß das Kind einen Zweck in deren Leben erfüllen muß. Oft ist gerade in diesen Fällen das Verantwortungsbewußtsein gegenüber dem ungezeugten Kind so stark ausgeprägt, daß man auf das Kind bei den Gefahren der heutigen Zeit lieber verzichtet. Wenn der Schritt dann doch gewagt wird, kann eine Täuschung in einem verherrlichten Elternglück eigentlich ausgeschlossen werden (Braunmühl 1978, S. 133).

In einer Untersuchung gelangten Wissenschaftler zu dem Schluß, daß geplante Wunschkinder oft nicht zu beneiden sind und es ungeplante Kinder möglicherweise gar nicht so schlecht haben (Schneider 1992, S. 36). Die Gruppe der ungeplanten Kinder ist nicht mit den unerwünschten und abgelehnten Kindern zu verwechseln, denn ungeplante Kinder kommen zwar ungelegen, werden aber im Laufe der Schwangerschaft akzeptiert und dann doch willkommen geheißen. Nach anfänglichem Entsetzen über die Tatsache der Schwangerschaft und trotz widriger Umstände kann sich eine Frau in diesen Fällen dennoch mit dem Kind identifizieren (ebd., S. 38; Fengler 1989, S. 35). In solchen konfliktreichen Schwangerschaftswochen wird sich eine Mutter sicherlich weitaus klarer über die eigene Position und die realistischen Bedingungen ihrer Mutterschaft, als dies bei einer von Anfang an positiven Einstellung zur eigenen Elternschaft vielleicht der Fall ist. Gegenüber einem ungeplanten, aber dennoch akzeptierten und geliebten Kind sind die Erwartungen sicher nicht so hoch wie bei einem ersehnten Kind. Sie erfüllen mit ihrer Geburt keinen Zweck und haben daher eine größere Chance, von den Eltern ihren persönlichen Neigungen gerecht gefördert zu werden (Schneider 1992, S. 36).

Neben der entschiedenen Verurteilung von Blauäugigkeit und vorrangigem Egoismus in der Kinderfrage soll neben dem Beispiel der ungeplant geliebten Kinder auch das Phänomen der "psychisch unverwundbaren Kinder" Mut bei zu viel Reflektion beim Kinderwunsch machen. Es dient in den Fällen zur Entwicklung einer optimistischeren Einstellung, in denen unbegründete Angst vor der Verantwortung für ein Kind vorherrscht:

So haben amerikanische Wissenschaftler bei der Untersuchung der Lebenswege unterprivilegierter Kinder festgestellt, daß es sogenannte "psychisch unverwundbare" Kinder gibt, die sich trotz schwierigster Lebensumstände zu gesunden, kreativen und leistungsfähigen Menschen entwickeln. Sie haben ohne Hilfe erstaunliche Kräfte entwickeln können, um schwere Belastungen durchstehen zu können und nicht unterzugehen (Pines 1980, S. 147 ff.). Dieses Beispiel soll den Lebenswillen und Optimismus verdeutlichen, den Kinder generell ausstrahlen.

In den letzten Beispielen kommt nach Abschluß der Problematisierung von Kinderwunschmotiven der Kinder befürwortende Charakter des Beitrags nochmals deutlich zum Ausdruck. Denn letztendlich wurde mit der Aufdeckung von Problemherden im Kinderwunsch und deren weitreichende negative Folgen für das Kind die Absicht verfolgt, die Kinderfrage zu "entillusionieren" und diesbezüglich "Blauäugige" aufzurütteln - nicht aber, den Mut zur Entscheidung für das Kind als "schönstem Abenteuer der Welt" zu nehmen. Es wurde durchgängig der Versuch unternommen, vor der Nutzung schlechter Bedingungen für Kinder zu warnen und zur Nutzung guter Bedingungen zu ermutigen, denn im Mittelpunkt des Interesses steht das Wohl des Kindes.

Insbesondere dieses Kapitel hat deutlich gemacht, daß verantwortungsvolle Elternschaft nicht an allzu schwere Bedingungen geknüpft ist: Wenn die Umgebung nicht zu problematisch und kinderfeindlich ist und die Belastungen durch ein Leben mit dem Kind realisiert sind, bleibt einzig das unabdingbare Kriterium zu erfüllen - daß ein Kind nicht als Mittel zum Zweck in die Welt gesetzt werden darf. Unter diesen Bedingungen müßte Empathie bereits im Kinderwunsch möglich und die Grundvoraussetzungen dahingehend zu schaffen sein, daß das Kind vorbehaltlos angenommen, als eigenständige Persönlichkeit respektiert wird und nicht vom Kinderwunsch an zur Bedürfnisbefriedigung seiner Eltern mißbraucht wird.

7. Möglichkeiten der Problemlösung

Als hauptsächliches Problem stellten sich in diesem Beitrag noch immer unzureichende Kindheitsbedingungen dar, die trotz verbesserter ökonomischer Situation und Aufklärung über die Bedeutung des frühen Kindheitsverlaufs vorherrschen.

Als für diesen Mißstand ursächlich hat sich die Weichenstellung in für das Wohl des Kindes negative Richtungen bereits vor der Geburt erwiesen, weil es bereits im Kinderwunsch häufig an notwendiger Empathie mangelt. Es wurden vorrangig egoistische Interessen der Eltern in der Kinderfrage deutlich, sofern ein Kind zur Selbstverwirklichung, Selbsterfahrung und vor allem bewußt oder unbewußt zum

Zweck einer Problemlösung gewünscht wurde. Auf diese Weise ließen sich neben dem generellen Problem der kindlichen Unerwünschtheit die problematischen Fälle der Täuschung im Kinderwunsch und des neurotischen Kinderwunsches erklären.

Trotz optimaler Verhütungsmöglichkeiten haben sich erhebliche Mängel im Planungsverhalten erwiesen, das nach den dargestellten Schätzungen bis zu 50 % unerwünschte Schwangerschaften zur Folge hat.

Welche Maßnahmen zur Vermeidung dieser Mißstände möglich sind, ist Gegenstand des nachfolgenden und letzten Abschnitts. Es werden zuerst die gesellschaftlichen und später die persönlichen Ansatzpunkte zur Verhinderung des elterlichen Mißbrauchs am Kind bereits im Kinderwunsch, zur Verbesserung der Lebensbedingungen für Kinder und Eltern in der schwierigen ersten Phase und vor allem zur Vermeidung unerwünschter Elternschaft mit dem Ziel erörtert, das Erwachen aus dem Alptraum der Kindheit beschleunigen zu können.

7.1 Gesellschaftliche Lösungsansätze

Die Primärprävention von Drogenmißbrauch, Sucht, Kriminalität und ähnlichem sollte von höchstem staatlichen Interesse sein, weil die Folgekosten für die Gesellschaft ein hohes Ausmaß annehmen. Wie sich im Verlauf der Untersuchung gezeigt hat, ist die hauptsächliche Ursache der genannten Probleme in der Primärsozialisation, d.h., in negativen Kindheitserfahrungen wie Mißhandlung, Vernachlässigung oder Zuschreibung einer überfordernden Rolle mit übersteigerten Erwartungen im Elternhaus zu suchen. Weil bekannterweise Versäumnisse in den ersten Lebensjahren des Kindes weitgehend irreparabel sind und lebenslange Narben zurückbleiben werden, ist zum Schutz des einzelnen Kindeswohls und zur Vermeidung immenser gesellschaftlicher Probleme mit hohen Folgekosten das Ergreifen prophylaktischer Maßnahmen seitens des Staates dringend erforderlich (Braunmühl 1985, S. 30 f.; Amendt 1990, S. 159).

Im folgenden werden daher die staatlichen Möglichkeiten diskutiert, um junge Bevölkerungsschichten auf die Elternschaft besser vorzubereiten, die Situation junger Familien verbessern und negative Bedingungen für Kinder vermeiden zu können. Ansatzpunkte zum Erreichen der im letzten Kapitel erarbeiteten Voraussetzungen für positive Entwicklungsbedingungen von Kindern werden dabei in den Bereichen Bildung, Beratung, Politik und bei der allgemeinen Meinungsbildung gesehen, die in dieser Abfolge diskutiert werden:

A. Bildung:

Wie die in Kapitel 3.5 vorgestellten Untersuchungen von Kinderwunschmotiven bei Schülern gezeigt hat, bestehen bereits im frühen Alter kinderfeindliche Tendenzen in diesem Bereich, die sich im Laufe deren Lebens möglicherweise noch gefährlich erhärten. Zur Vorbeugung von Täuschungen im Kinderwunsch erscheint es daher ganz besonders wichtig, bereits bei der Generation der zukünftigen Eltern anzusetzen und in allen Schulzweigen den Kinderwunsch und die verletzliche Psyche eines Kleinkindes zu behandeln. Wie der Deutsche Kinderschutzbund schon seit Jahren fordert, wäre hierzu die Einführung der Schulfächer Psychologie und Pädagogik, zumindest aber die Aufnahme dieser Bereiche in den Lehrstoff anderer Fächer, erstrebenswert (Petri 1991, S. 193 ff.; Braunmühl 1975, S. 37 ff.; Petri 1991, S. 197; Miller 1980, S. 169 ff.).

Ungeplante und unerwünschte Schwangerschaften könnten durch Sexualpädagogik mit für Kinder und Jugendliche verständlicher Aufklärung dezimiert werden (Oeter /Wilken 1981, S. 29).

Um unrealistischen Vorstellungen im Umgang mit Kindern und dem Baby-Schock vorzubeugen, wird die dringende Forderung der Einführung von Praktika und Projekten im Umgang mit Kleinkindern erhoben (Braunmühl 1975, S. 37 ff.). Denn viele Eltern haben leider vor ihrer Entscheidung zum Kind keinerlei Kontakte zu Kleinkindern und gehen daher die wichtigste Aufgabe im Leben unvorbereitet und ahnungslos an. Im schulpflichtigen Alter würde sich dank der frühzeitigen praktischen Erfahrung mit Kleinkindern sicherlich bereits mehr Verantwortungsbewußtsein gegenüber den Kindern ausprägen und die falschen rosaroten Träume über die Elternschaft rechtzeitig zerplatzen lassen.

Auch außerhalb des schulischen Bereichs sind Projekte der Kinderbetreuung förderungswürdig. Wenn Kinderlose die Verantwortung für die Kinder Anderer mitübernehmen, entlastet dies deren Eltern bzw. den angespannten Erziehermarkt und bringt Kinderlosen die Freude und Last des Kinderalltags näher (Kerner 1984, S. 186).

Für die Förderung von Kinderfreundlichkeit im Bildungsbereich ist die Bereitstellung zugänglicher und verständlicher Literatur wichtig. Als positive Beispiele wären hier die Bücher von Alice Miller oder von Ekkehard von Braunmühl zu nennen, die für jedermann verständlich geschrieben sind. Die Pädagogik darf nicht nur in der Universität verweilen, sondern muß zum Wohle der Kinder für alle Altersstufen und Schichten verständlich und ansprechend vermittelt werden.

Die Chance der schulischen Vorbereitung auf die Elternschaft kann auch im Wege der Erwachsenenbildung zu nutzen versucht werden. Anhand von Elternseminaren wäre die Ent-Täuschung von kinderfeindlichen Motiven denkbar (Petri 1991, S. 189). Diese Möglichkeit sollte bereits für potentielle Eltern verbreitet werden, damit nicht erst die praktizierenden Eltern bei beunruhigenden Erfahrungen im Erziehungsalltag zur Annahme von Angeboten der Elternbildungsstätten bereit sind (Braunmühl 1985, S. 28).

Als einzigartiges und nachahmenswertes Beispiel der Elternbildung über das besonders für Problemgruppen oft allein zugängliche Medium Fernsehen wurde 1975 im Hessischen Rundfunk die Schulfunksendung "Erziehung zur Erziehung" ausgestrahlt. Alle Lernziele der Sendereihe kreisten darin um die Täuschung im Kinderwunsch und die Vorbereitung auf die starke Beanspruchung im Leben mit einem Kleinkind und haben damals einen wertvollen Beitrag hinsichtlich der Ziele dieser Arbeit geleistet (1975, S. 58 f.).

B. Beratung:

Die hohe Zahl der ungeplanten und unerwünschten Schwangerschaften weist auf die dringende Erforderlichkeit eines gut ausgebauten Netzes von zugänglichen Beratungsstellen zur Primärprävention von Folgeproblemen hin. Die Betreuung sollte sich beim Eintreten einer Schwangerschaft auch bis nach der Geburt des Kindes zur Begleitung des Baby-Schocks erstrecken (Oeter/Wilken 1981, S. 28).

Im Rahmen der Arbeit innerhalb solcher Stellen müssen werdende Eltern immer darauf hingewiesen werden, daß jedes Kind ein Recht auf Erwünschtheit hat. Beim höchsten Ziel der Vermeidung von unerwünschten Geburten darf jedoch nicht außer acht bleiben, daß letztendlich die Mutter allein entscheiden muß und sie zu einer für sie persönlich tragbaren und verantwortbaren Entscheidung begleitet werden soll (Braunmühl 1975, S. 23; Amendt 1990, S. 159). Zur Unterstützung der Beratungsarbeit können auch wissenschaftlich entwickelte Fragebögen zum Kinderwunsch oder zum Schwangerschaftskonflikt hilfreich sein (Beach e.a. 1977, S. 14 ff.; Jungermann/Seiler 1977, S. 20 ff.; Wlodrazek 1992, S. 107 ff.).

Um die erwiesenen Defizite in der Empfängnisverhütung einzuschränken, sind neben der Möglichkeit von Schulen und Beratungsstellen vor allem die Ärzte, insbesondere die Frauenärzte, wichtige Ansprechpartner. In deren Ausbildung sollte daher ein stärkeres Gewicht auf psychisches Basiswissen gelegt werden, damit sie ihrem Klientel in Information und Beratung einfühlsamer gegenübertreten können und sie zur Erkennung von spezifischen Verhütungsproblemen in der Lage sind (Oeter/Wilken 1981, S. 27).

Dem Hausarzt ist es gegebenenfalls als einzigem möglich, auf den oft in einer persönlichen Krisensituation aufkommenden akuten Kinderwunsch einzuwirken. Um einer psychisch und physisch labilen Eltern- oder Mutterschaft vorzubeugen, wäre in Einzelfällen sicherlich der Verweis auf therapeutische Maßnahmen zur Stabilisierung und eine zumindest temporäre Verschiebung der Erfüllung des Kinderwunsches sinnvoll (Braunmühl 1978, S. 132). Dies soll jedoch nicht dahingehend mißverstanden werden, daß für verantwortungsvolle Elternschaft eine Therapie der Eltern unabläßlich sei.

C. Politik:

Eine im Vergleich zu den Folgekosten günstige und sinnvolle gesundheitspolitische Maßnahme zur Vermeidung unerwünschter Schwangerschaften wäre der kostenlose und freie Zugang zu effektiven Verhütungsmitteln. Insbesondere der in sozial schwachen Schichten ausgeprägten Verhütungsnachlässigkeit könnte durch kostenlose Ausgabe von Kontrazeptiva sicherlich aussichtsreich entgegengewirkt und damit die Nutzung mancher schlechter Startchancen für Kinder vermieden werden.

An dieser Stelle ist besonders an die katholische Kirche zu appellieren, die mit ihren Kampagnen gegen verläßliche Verhütungsmittel nicht nur in der Dritten Welt, sondern auch bei unerwünschten Schwangerschaften hierzulande, für großes Elend mitverantwortlich gemacht werden muß.

Zur Linderung des Baby-Schocks und der Vermeidung größerer Unzufriedenheit junger Eltern, die sich negativ auf die Beziehung zum Kleinkind auswirken kann, ist eine generell kinderfreundliche Politik notwendig:

Familienpolitische Maßnahmen könnten jungen Eltern die entbehrungsreiche erste Zeit mit dem Kind erleichtern und die zunehmende Schlechterstellung gegenüber Kinderlosen vermeiden. Elternschaft sollte daher bei der Steuer-, Renten-, Wohnungs- und Arbeitsmarktpolitik in stärkerem Maße begünstigt werden. Zudem müßte ein ausreichendes Betreuungsangebot für Kinder zur Verfügung gestellt sein. Diejenigen, die das Weiterbestehen des Staates durch Nachwuchs sichern und die Hauptverantwortung für die gesunde Entwicklung späterer Staatsbürger tragen, müßten in ihrer wichtigen Aufgabe soweit wie möglich unterstützt werden (Dessai 1985, S. 105 ff.; Wingen 1980, S. 126 f.). Denn deren etwaiges Bereuen ihres Entschlusses zur Elternschaft würde sich in höchstem Maße negativ auf die Kinder auswirken. Besonders für die wichtige erste Zeit sollte der Urlaub zumindest eines Elternteils, am besten für 3 Jahre, ermöglicht werden, um dem neuen Menschenwesen die bestmögliche Lebenschance zu geben (Janov 1977, S. 166 f.).

Die Entscheidung der Frau darf weder bei Schwangerschaftsabbruch noch bei Adoptionsfreigabe des Kindes verurteilt und schon gar nicht strafrechtlich verfolgt werden. Dies ist zur Vermeidung von Leid für ungewolltes Leben notwendig, wobei die Adoptionsfreigabe in vielen Fällen sicherlich als die empathischste Lösung für das Kind zu bewundern ist. Deshalb ist die Liberalisierung des Abtreibungsrechtes durch die Fristenlösung mit Beratungspflicht zu begrüßen und die Adoptionsfreigabe mit unterstützender Betreuung der Mutter nach ihrem schweren Entschluß zu fördern (Amendt 1990, S. 157; Kerner 1984, S. 92 ff.).

D. Meinungsbildung:

Es wäre wünschenswert, wenn von gesellschaftlicher Seite aus darauf eingewirkt werden würde, daß der Kinderwunsch nicht länger eine "tabuähnlich respektierte Privatangelegenheit" (Braunmühl 1975, S. 23) bleibt und Elternschaft samt ihren Motiven nicht weiter bedingungslos verherrlicht wird (Amendt 1990, S. 166). Statt nur blind gegen den Geburtenrückgang anzukämpfen, sollte auch in staatlichem Interesse für eine verantwortungsbewußte Elternschaft eingetreten werden. Dazu ist die Enttabuisierung des gesamten Bereiches der Sexualität notwendig, damit ohne Scheu offene Gespräche und die Annahme von Beratungsangeboten in allen Bevölkerungsschichten zur bewußten Meinungsbildung in der wichtigsten Frage im Leben genutzt werden können.

Ein weiterer Schritt zur Vermeidung verantwortungsloser Elternschaft wäre, die bewußte Kinderlosigkeit gesellschaftlich nicht länger als Makel aufzufassen und schon gar nicht die Mütter als "Rabenmütter" zu verurteilen, die ihr Kind zur Adoption freigeben (Ziebell e.a. 1992, S. 233). Für das Frauenbild muß gelten, daß vollwertige Weiblichkeit auch ohne Kind anerkannt wird, damit das Oberziel der Vermeidung möglichst vieler bewußt oder unbewußt unerwünschter Schwangerschaften und damit das Erwachen aus dem Alptraum erreichbar bleibt (Fengler 1989, S. 36; Schmitz-Köster 1987, S. 203).

7.2 Persönliche Möglichkeiten

Für alle noch vor der Entscheidung zur Elternschaft Stehenden sollte in Anbetracht der weitreichendsten Entscheidung im Leben und der Betroffenheit über negative Kindheitsbedingungen im Umfeld durch diesen Beitrag das Bewußtsein gefördert werden, daß sich im eigenen Kinderwunsch möglicherweise so manche persönlichen Probleme zentriert haben können. Deshalb wird die Forderung erhoben, den eigenen Kinderwunsch im Interesse des zukünftigen Kindes kritisch zu hinterfragen und auf verantwortungsvolle Reflektion bei diesem unwiderruflichen Entschluß nicht zu verzichten, ohne den Mut zum Abenteuer Kind - der schönsten Aufgabe der Welt - nehmen zu wollen. Denn zu groß ist die Versuchung, in dieses Abenteuer zu fliehen - vor sich selbst und vor den eigenen, zur Lösung anstehenden Problemen.

Weil die Kinderfrage so elementare Bedeutung für das eigene Leben und das des Kindes hat, wurde versucht, trotz ihres höchstprivaten und persönlichen Charakters eine Liste von Empfehlungen aufzustellen. Auch wenn sie an der einen oder anderen Stelle anmaßend oder provokativ wirken mag, ist dies meines Erachtens an dieser Stelle durchaus legitim. Denn auf andere Weise ist es kaum möglich, im Interesse des ungeborenen und schutzwürdigen Lebens aufzurütteln und zur kritischen Reflektion anzuregen.

Vorab sei noch darauf hingewiesen, daß der folgende "Forderungskatalog" in besonderer Weise auch Männer ansprechen soll, weil gerade diese sich in die Kinderfrage oft erst im Abtreibungskonflikt konkret einschalten und teils weder an der Verhütung gleichermaßen beteiligt sind noch ihr eigenes Bedürfnis nach einem Kind prüfen. Im Interesse einer intakten zukünftigen Familie ist es ratsam, daß sie sich aus der meist entfremdenden Rolle des status- und machterwerbenden Berufstätigen und damit aus der traditionellen Versorgerrolle rechtzeitig lösen (Amendt 1990, S. 162 ff.).

Vielleicht kann die Beachtung folgender Punkte dabei helfen, einem Kind bereits im Kinderwunsch und später dann in der Beziehung zum Kind empathisch begegnen zu können, damit ihm gute Startchancen bzw. positive Entwicklungsbedingungen geboten werden können und sich zur Freude aller Beteiligten das Familienleben glücklich gestalten kann:

-   Zur Vermeidung unerwünschter Schwangerschaften ist eine konsequente Anwendung sicherer Verhütungsmittel notwendig. Trotzdem sollte zusätzlich verantwortungsvoll mit der Sexualität umgegangen werden und dabei immer die Möglichkeit einer Schwangerschaft einkalkuliert werden, um das Kind auch bei Ungeplantheit akzeptieren und lieben zu können (Ziebell e.a. 1990, S. 35).

- Um Täuschungen in einem unrealistischen Bild vom Alltag mit einem Kind weitgehend vermeiden zu können und zur allgemeinen Entscheidungsfindung, wird der Praxisbezug zu Kleinkindern als unabdingbar wichtig erachtet. Falls noch keine Erfahrungen in Kinderbetreuung vorhanden ist, sollte dies vor der Erfüllung eines vorhandenen Kinderwunsches in jedem Fall nachgeholt werden.

- Ratsam sind offene Gespräche über den Kinderwunsch in der Partnerschaft, im Bekanntenkreis und auch mit den eigenen Eltern. Das Tabu, über Kinderwunsch und Kindesablehnung zu sprechen, müßte gebrochen werden, um die Gelegenheit zur Entlarvung einer möglichen Täuschung oder eines neurotischen Kinderwunsches in Gesprächen auch außerhalb einer Therapie nutzen zu können (Amendt 1978, S. 132). Besonders erkenntnisreich kann dabei sein, die Eltern nach der eigenen Erwünschtheit zu befragen. Schließlich sollte man sich in diesem Zusammenhang zur Realisierung der eigenen Hoffnungen für sein Leben im Kinderwunsch die interessante Frage stellen, wieviel Glück man selbst seinen Eltern wohl gebracht haben mag (Braunmühl 1978, S. 132).

- Es muß deutlich werden, daß Kinder zur Ehe nicht zwangsläufig dazugehören, sondern eine bewußte Entscheidung in Bezug auf die Kinder zu treffen ist. Vor der positiven Entscheidung sollte die Beziehung zum Wohle des Kindes geprüft werden, nicht erst bei Eintritt der Schwangerschaft oder in der ersten Zeit mit dem Kind (Ayck/Stolten 1978, S. 7, S. 177). Keinesfalls darf dem Kind von vornherein bewußt oder unbewußt eine Rolle innerhalb der Beziehung seiner Eltern zugesprochen werden.

- Es wäre kritisch zu hinterfragen, ob ein Kind zur eigenen Freude in die Welt gesetzt wird und ob man diesem dazu verhelfen will und kann, sein Leben zu genießen - oder ob mit dem Kinderwunsch ein Zweck verfolgt wird, das Kind vorrangig als Mittel zur Selbsterfahrung, Körpererfahrung, Selbstverwirklichung oder zu Problemlösungen eingesetzt wird. Braunmühl regt hierzu an, die Wahrscheinlichkeit zu prüfen, daß ein Kind eine Reihe von Jahren als Freund zu einer Lebensgemeinschaft eingeladen werden kann oder ob nicht ein Opfer, Trost oder Lebenssinn gesucht wird (Braunmühl 1978, S. 132).

- Verantwortungsvollen Eltern muß bewußt sein, daß das Kind schutzlos und bedürftig ist und es deshalb einen Anwalt zur Wahrung seiner Bedürfnisse benötigt. Deshalb sollte man sich möglichst aus einer starken Lebensposition an das anstrengende "Abenteuer Kind" wagen und nicht aus eigener Schwäche und Bedürftigkeit heraus (Amendt 1990, S. 133). Es muß von vorneherein klar sein, daß man sich vom ersten Tag an gegen eine kinderfeindliche Umwelt für das Kind einsetzen muß, so z.B. gleich gegen unempathische, bereits wissenschaftlich überholte Maßregeln bei der Säuglingsbetreuung im Krankenhaus (Miller 1988, S. 63).

- Besonders in einer konfliktreichen Situation oder bei persönlichen Problemen ist besondere Beachtung der Kinderwunschproblematik ratsam, weil leicht ein akut auftretender Kinderwunsch vielleicht zur Umgehung von notwendigen, aber möglicherweise aufwendigen Problemlösungen verführt. Es ist wünschenswert, daß man sich bei Labilität im Interesse des zukünftigen Kindes und aller Beteiligten ein anderes Betätigungsfeld zum seelischen Ausgleich sucht (Braunmühl 1978, S. 132).

- Die bewußte Wahl zwischen Elternschaft und sonstigen, insbesondere beruflichen Interessen sollte ganz klar vor Eintritt der Schwangerschaft getroffen und der Verzicht in einigen Bereichen zugunsten des Kindes vorher akzeptiert werden (Janov 1977, S. 166 f.). Erfahrungsgemäß erweist sich die Familienkonstellation mit einem Kind sowohl für die Wünsche der Eltern als auch bezüglich der Aufmerksamkeit für ein Kind am unproblematischsten (ebd., S. 243 f.; Dessai 1985, S. 105).

- Auch wenn die Gefahr des ewigen Reflektierens, der Kopflastigkeit und der Aufgabe eines jahrelang vorhandenen Kinderwunsches in objektiv guten Bedingungen besteht und ältere Eltern nicht mehr soviel körperliche Energie für ihre Kinder aufbringen können, sind doch im "sich-Zeit-lassen" bei der unrevidierbarsten Entscheidung im Leben viele Vorteile zu sehen. Späte Eltern erleben die Geburt ihres Kindes häufiger als ein Fest, haben mehr Lebenserfahrung, eher eine gefestigte Beziehung, sind aufgrund persönlicher Erlebnisse bzw. oft besserer wirtschaftlicher Lage zufriedener und bieten deshalb möglicherweise die besten Voraussetzungen, um ein Kind in empathischer Distanz zu seinen Bedürfnisse auf seinem persönlichen Lebensweg zu begleiten (Dessai 1985, S. 126 f.).

Wenn von gesellschaftlicher Seite mehr kinderfreundliche Initiative bezüglich der Verbesserung von Kindheitsbedingungen und in besonderem Maße bei den Vorbereitungsangeboten zur verantwortungsvollen Elternschaft gezeigt wird und jeder Einzelne versucht, kinderfeindliche Elemente im persönlichen Kinderwunsch weitgehend auszuschließen, kann bereits im Ansatz die Möglichkeit erlangt werden, Leid für Kinder mit im Kinderwunsch bereits beginnender Empathie zu vermeiden und damit schnellstmöglich ein vollständiges Erwachen aus dem Alptraum der Kindheit zu erlangen.

Zum Abschluß des Ausblicks auf Lösungsansätze wird noch ein Appell an verantwortungsvolle und empathische Elternschaft von Alice Miller angeführt, deren Einfluß nicht nur im Titel der Arbeit erkennbar ist. Ich habe versucht, einige ihrer Gedanken und Anliegen in meiner Themenstellung weiterzuführen und im Sinne des nun folgenden Zitates von ihr aufzurütteln:

"Ich mache Eltern klar, daß sie selbstverständlich ihren Kindern etwas schulden: Schutz, Pflege, Zärtlichkeit, Geborgenheit, Verständnis, Respekt. Wenn sie das nicht geben wollen, müssen sie kein Kind zeugen. Eltern sollten darüber informiert sein, daß man nicht ohne Folgen ein Kind einfach zeugen kann, um ein Spielzeug zu kriegen, sondern daß man damit eine Verpflichtung eingeht." (Miller 1987, S. 23).

8. Schlußbetrachtung

Die Untersuchung der Kinderwunschmotive in Bezug auf die Lebensbedingungen der Kinder hat sich für mich als ein umfassendes und sehr aufwühlendes Thema dargestellt. Einerseits war der eigene Standpunkt immer wieder kritisch zu hinterfragen, andererseits haben neben der allgemeinen Problematik insbesondere die weitreichenden negativen Folgen für die Kinder bei den problematisch erachteten Kinderwunschmotiven und bei Unerwünschtheit betroffen gemacht.

Wie bereits zu Beginn erwartet wurde, stellte sich die Diskussion um den Kinderwunsch als zentraler Bezugspunkt für das Kindeswohl dar. Dies läßt sich daran feststellen, daß viele wichtige Bereiche, wie z.B. die Geschichte der Kindheit, die Bedürfnisse des Kindes, das Bindungsverhalten, die Problematik der Fremdbetreuung eines Kleinkindes, verschiedene Erziehungsstile und die Diskussion um Abtreibung und Adoption im Verlauf der Untersuchung tangiert wurden.

Die Ergebnisse haben im einzelnen gezeigt, daß aufgrund der geschilderten Probleme für Kinder die anfangs erhobenen Zweifel am "Erwachen aus dem Alptraum der Geschichte der Kindheit" berechtigt waren und eine positive Prognose für gegenwärtige Kindheitsbedingungen, vor allem angesichts der hohen Zahl unerwünschter Kinder und deren Schicksal, verfrüht wäre.

Trotz der zunehmenden emotionalen Bedeutung des Kindes hat sich der Kinderwunsch als Problemansatz in der Eltern-Kind-Beziehung mit der Gefahr weitreichender negativer Folgen für das Kind, die Familie und die Gesellschaft insgesamt erwiesen. Daher ist die Forderung nach Enttabuisierung der Kinderwunschmotive als Basis vieler Mißstände im gesellschaftlichen und privaten Bereich mit dem Ziel der Primärprävention von Problemen gerechtfertigt. Aus diesem Grunde wurde der Einzelne zur kritischen Reflektion über seine Einstellung zu Kindern bereits im Kinderwunsch aufgefordert worden, ohne dabei hinsichtlich einer Entscheidung für das Kind entmutigt haben zu wollen.

Mit den Ausführungen ist zur Vermeidung von zukünftigem Elend für verantwortungsvolle Elternschaft geworben worden, die bei realistischer Einschätzung der wichtigen Aufgabe eine Gradwanderung zwischen Mut und Angst darstellen muß. Als Voraussetzungen dafür hat sich neben einem nicht allzu problematischen Umfeld lediglich erwiesen, daß man sich die festgestellte Ambivalenz im Kinderwunsch zwischen Egoismus und Altruismus ehrlicherweise eingestehen sollte und das Kind vor allem keinesfalls als Mittel zu einem persönlichen Zweck bereits im Kinderwunsch mißbraucht werden darf.

In Anlehnung an die bestätigten Thesen des Beitrags müßte unter Einhaltung der skizzierten Bedingungen für verantwortungsvolle Elternschaft Empathie bereits im Kinderwunsch und im Planungsverhalten zur Vermeidung weiteren Elends für Kinder möglich sein. Kindesmißhandlung oder psychische Störungen könnten dann durch die Eindämmung sowohl der Täuschungen im Kinderwunsch als auch der Blauäugigkeit im Bezug auf die Belastungen der Elternschaft und der kindlichen Unerwünschtheit vermindert werden. Durch diese effektive Primärprävention müßten sich nach den im Laufe der Untersuchung gewonnenen Erkenntnissen die Lebensbedingungen für Kinder allgemein verbessern lassen, weil positive Bedingungen für die Geburt eines Kindes eher genutzt und schlechte weitgehend vermieden werden könnten.

Mit den Warnungen und Forderungen hoffe ich, zur Reflektion über die Gefahrenquelle Kinderwunsch aufgerüttelt und damit einen Beitrag zur Beschleunigung des "Erwachens aus dem Alptraum der Kindheit" geleistet zu haben. Denn wie der Titel des Beitrags bereits erahnen ließ, würde mehr Kinderfreundlichkeit im Kinderwunsch

- der erwiesenen Wurzel vielen Übels für Kinder - ein aussichtsreicher Ansatz zur Unterbrechung des Teufelskreises der Leidübertragung an die nächste Generation sein. Diese empathische Basis könnte dann die große Chance bieten, aus glücklichen Kindern wiederum glückliche Eltern werden zu lassen.

LITERATURVERZEICHNIS TEIL I

Amendt, Gerhard: Das Leben unerwünschter Kinder, Bremen 1990

Aries, Philippe: Geschichte der Kindheit, München 1975

Arnold, Wilhelm; Eysenck, Hans-Jürgen; Meili, Richard:
                                    Lexikon der Psychologie, Band 2, Freiburg 1988

Axline, Virginia M.:   Dibs - Die wunderbare Entfaltung eines
                                    menschlichen Wesens, München 1978

Ayck, Thomas; Stolten, Inge: Kinderlos aus Verantwortung, Reinbek 1978

Baiter, Hans-Joachim: Fruchtbarkeit - Generatives Handeln, Augs-
                                    burg 1985

Bast, Heinrich (Hrsg.):   Arbeitsgruppe Kinderschutz: Gewalt gegen
                                    Kinder - Kindesmißhandlung und ihre Ur-
                                    sachen, Reinbek 1975

Bauriedl, Thea: Die Wiederkehr des Verdrängten - Psychoana-
                                    lyse, Politik und der einzelne, München 1986

Beach, LeeRoy; Townes, Brenda D.; Campell, Frederick L.; Wood, Roberta J.:
                                    Wollen Sie wirklich ein Kind?, in: Psychologie
                                    heute, Oktober 1977, S. 14-22

Beauvoir, Simone de: Das andere Geschlecht - Sitte und Sexus der
                                    Frau, Reinbek 1968

Beck, Ulrich; Beck-Gernsheim, Elisabeth:
                                    Das ganz normale Chaos der Liebe, Frankfurt/
                                    Main 1990

Beck-Gernsheim, Elisabeth: Vom Geburtenrückgang zur Neuen Mütter-
                                    lichkeit, Frankfurt/Main 1984

Beck-Gernsheim, Elisabeth: Die Inszenierung der Kindheit, in: Psycho-
                                    logie heute, Dezember 1987, S. 30-35

Beck-Gernsheim, Elisabeth: Die Kinderfrage, München 1988

Beck-Gernsheim, Elisabeth: Mutterwerden - der Sprung in ein anderes Le-
                                    ben, Frankfurt/Main 1989

Bier-Fleiter, Claudia: Konflikte in der Schwangerschaft, Frankfurt/
                                    Main 1985

Biermann-Vender, Eva-Maria: Kinder oder keine, Basel 1987

Bleuel, Hans Peter: Kinder in Deutschland, München 1971

Bowlby, John: Trennung - Psychische Schäden als Folge der Trennung von Mutter und Kind, Frankfurt/Main 1986

Braunmühl, Ekkehard von: Antipädagogik, Weinheim-Basel 1975

Braunmühl, Ekkehard von: Zeit für Kinder, Frankfurt/Main 1978

Breitsprecher, Ute: Kinderwunsch und seine Motivation in Abhängigkeit von der Qualifikation und der Schulbildung, Rostock 1985

Brückner, Peter: Gewalt gegen Kinder, in: AG Kinderschutz, Reinbek 1975, S. 117-131

Bullinger, Hermann: Wenn Paare Eltern werden, Reinbek 1986

Chesler, Phyllis: Mutter werden - Die Geschichte einer Verwandlung, New York 1980

Cromm, Jürgen: Bestimmungsgründe der Fortpflanzung, Augsburg 1985

de Parseval, Genevieve Delaisi; Janaud, Alain: Ein Kind um jeden Preis, Weinheim-Basel 1986

Dessai, Elisabeth: Kinder? Höchstens eins!, Reinbek 1985

Döhring, Bärbel; Kreß, Brigitta: Zeugungsangst und Zeugungslust, Darmstadt 1986

Dowrick, Stephanie; Grundberg, Sibyl: Will ich wirklich ein Kind?, Reinbek 1982

Ettenhuber, Helga (Redaktion): Ungewollte Kinder, in: ML Mona Lisa, TV-Sendung am 19.01.1992 im ZDF, 18.15 - 19.00 Uhr

Fengler, Tobias: Unerwünscht, in: Psychologie heute, Mai 1989, S. 34-39

Freud, Sigmund: Sexualität in der Ätiologie der Neurosen, in: Sammlung Kleiner Schriften zur Neurosenlehre (1893-1906), Gesammelte Werke, Band 1, S. 307 ff., Frankfurt/Main 1952

Fuchs, Werner; Klima, Rolf; Lautmann, Rüdiger; Rammstedt, Otthein; Wienold, Hanns: Lexikon zur Soziologie, Band 2, Reinbek 1975

Gauda, Gudrun: Der Übergang zur Elternschaft, Frankfurt/Main-Bern-New York-Paris 1990

Häußler, Monika; Helfferich, Cornelia; Walterspiel, Gabriela; Wetterer, Angelika: Bauchlandungen - Abtreibung, Sexualität, Kinderwunsch, München 1983

Häußler, Monika: Von der Enthaltsamkeit zur verantwortungsbewußten Fortpflanzung, in Häußler e.a.: Bauchlandungen - Abtreibung, Sexualität, Kinderwunsch, S. 58-74, München 1983

Hentig, Hartmut von: Vorwort zu Philippe Aries: Geschichte der Kindheit, S. 7-44, München 1975

Helfferich, Cornelia: Mich wird es schon nicht erwischen, in Häußler e.a.: Bauchlandungen - Abtreibung, Sexualität, Kinderwunsch, S. 74-109, München 1983

Herkner, Werner: Einführung in die Sozialpsychologie, Bern 1986

Hoffmann, Bernward: Vater werden - Stationen einer Hoffnung, München 1988

Jagenow, Angela; Mittag, Oskar: Weiblicher Kinderwunsch und Sexualität , in: Psychosozial 21, S. 7-26, Hamburg 1984

Janov, Arthur: Das befreite Kind, Frankfurt/Main 1977

Jürgens, Hans W.; Pohl, Katharina: Kinderzahl - Wunsch und Wirklichkeit, Stuttgart 1975

Jungermann, Helmut; Seiler, Elisabeth: Wollen Sie Ihr Kind oder wollen Sie die Schwangerschaftsunterbrechung, in: Psychologie heute, Oktober 1977, S. 20-22

Kerner, Charlotte: Kinderkriegen, Weinheim-Basel 1984

Krech, David; Crutchfield, Richards; Livson, Norman; Wilson jr., William A.; Parducci, Allen: Motivations- und Emotionspsychologie, Weinheim-Basel 1985

Kühler, Thomas: Zur Psychologie des männlichen Kinderwunsches, Weinheim 1989

Laplanche J.; Pontalis, J.-B.: Das Vokabular der Psychoanalyse, Frankfurt/Main 1989

Leyrer, Katja: Rabenmutter - Na und?, Hamburg 1989

Lindworsky, J.: Zur Klärung des Begriffs Motiv, in: Thomae, Hans: Die Motivation menschlichen Handelns, S. 37-40, Köln-Berlin 1965

Mannoni, Maud: Das zurückgebliebene Kind und seine Mutter, Paris 1964

de Mause, Lloyd: Evolution der Kindheit, in: Hört ihr die Kinder weinen, S. 12-87, Frankfurt/Main 1977

de Mause, Lloyd: Grundlagen der Psychohistorie, Frankfurt/Main 1989

McKaughan, Molly: Kinder ja, aber später, München 1990

Meyer, Anneliese: Das Mutterglück wiedergegeben, in: Psychosozial 21, S. 27-43, Hamburg 1984

Meyer, Elsbeth: Enthüllungen - Männer über Verhütung, Kinderkriegen, Abtreibung, Sexualität, Reinbek 1986

Meyer, Elsbeth; Paczensky, Susanne Renate von; Sadrozinski, Renate: Das hätte nicht noch einmal passieren dürfen, Frankfurt/Main 1990

Miller, Alice: Das Drama des begabten Kindes, Frankfurt/Main 1979

Miller, Alice: Am Anfang war Erziehung, Frankfurt/Main 1980

Miller, Alice: Du sollst nicht merken, Frankfurt/Main 1981

Miller, Alice: Bilder einer Kindheit, Frankfurt/Main 1985

Miller, Alice: Wie Psychotherapien das Kind verraten, in: Psychologie heute, April 1987, S. 20-31

Miller, Alice: Das verbannte Wissen, Frankfurt/Main 1988

Mittag, Oskar; Jagenov, Angela: Psychosoziale Aspekte der Empfängnisverhütung, Schwangerschaft und Sterilität, in: Medizinische Psychologie 8, S. 85-99, Hamburg 1982

Nave-Herz, Rosemarie: Kinderlose Ehen, Weinheim-München 1988

Neuwirth, Barbara: Frauen, die sich keine Kinder wünschen, Wien 1988

Nyssen, Friedhelm: Zur Geschichte der Kindheit: Erkennen und Erinnern, in: Kindheit, Januar 1979, S. 255-263

Nyssen, Friedhelm (Hrsg.):   Zur Diskussion über die Kinderkrippe, Frankfurt/Main 1991

Oppitz, Günther; Rosenstiel, Lutz von; Stengel, Martin; Spieß, Erika: Wertwandel und Kinderwunsch, in: Zeitschrift für Bevölkerungswissenschaft, - September 1983, S. 387-400

Oeter, Karl; Wilken, Michael: Psycho-soziale Entstehungsbedingungen unerwünschter Schwangerschaften, Stuttgart-Berlin-Köln-Mainz 1981

O.V.:   Fürsorgerechtliche Entscheidungen der Verwaltungs- und Sozialgerichte, Heft 10, Hannover 1990

Pelz, Monika: Kinderlosigkeit - eine lebenslange Entscheidung, in: Neuwirth: Frauen, die sich keine Kinder wünschen, Wien 1988

Petri, Horst: Erziehungsgewalt, Frankfurt/Main 1991

Pines, Maya: Trotz alledem ... Die Psychologie der unverwundbaren Kinder, in: Kindheit ist nicht kinderleicht, Sonderheft Psychologie heute, S. 147-153, Weinheim-Basel 1980

Pohl, Katharina: Familie - Planung oder Schicksal, Boppard 1980

Richter, Horst-Eberhard: Eltern, Kind und Neurose, Stuttgart 1963

Rick, Karin: Mythos Mutter - Realität Frau, in Neuwirth: Frauen, die sich keine Kinder wünschen, S. 252-271, Wien 1988

Rosenbaum, Heidi: Formen der Familie, Frankfurt/Main 1982

Rosenstiel, Lutz von; Spiess, Erika; Stengel, Martin; Nerdinger, Friedemann W.: Lust auf Kinder? Höchstens eins!, in: Psychologie heute, Mai 1984, S. 20-30

Roos, Peter; Hassauer, Friederike: Kinderwunsch - Reden und Gegenreden, Weinheim-Basel 1982

Rutschky, Katharina: Schwarze Pädagogik, Berlin 1977

Rutter, Michael: Bindung und Trennung in der frühen Kindheit, München 1978

Sichtermann, Barbara: Weiblichkeit - Zur Politik des Privaten, Berlin 1983

Siebenschön, Leona: Im Kreidekreis - Konflikt der Partner, Probleme der Familie, Leiden der Kinder, Frankfurt/Main 1979

Schicht, Lara: Wunschlos Mutter, Olten 1987

Schlagheck, Michael: Wenn der Kinderwunsch unerfüllt bleibt, Würzburg 1989

Schmerl, Christiane; Ziebell, Lindy: Der Kinderwunsch und die Natur der Frau, in: Neuwirth: Frauen, die sich keine Kinder wünschen, S. 10-47, Wien 1988

Schmerl, Christiane; Ziebell, Lindy: Wie natürlich ist der Kinderwunsch, in: Psychologie heute, September 1989, S. 38-45

Schmitz-Köster, Dorothee: Frauen ohne Kinder, Hamburg 1987

Schneider, Regine: Haben es ungewollte Kinder besser, in: Vital, Februar 1992, S. 36-39

Schneider, Ursula: Wer sein Kind liebt ..., in: Psychologie heute, November 1988, S. 50-57

Spitz, Rene A.:   Die Entstehung der ersten Objektbeziehungen, Stuttgart 1988

Stettbacher, J. Konrad: Wenn Leiden einen Sinn haben soll, Hamburg 1990

Toman, Walter e.a.:   Kinder - das unbequeme Glück, Sonderband Zeitschrift 'Eltern', Hamburg 1979

Urdze, Andrejs; Rerrich, Maria S.:   Frauenalltag und Kinderwunsch, Frankfurt/Main-New York 1981

Walterspiel, Gabriela: Umwertung der weiblichen Werte, in Häußler e.a.: Bauchlandungen - Abtreibung, Sexualität, Kinderwunsch, S. 110-116, München 1983

Wetterer, Angelika: Die Neue Mütterlichkeit: Über Brüste, Lüste und andere Stilblüten aus der Frauenbewegung, in Häußler e.a.: Bauchlandungen - Abtreibung, Sexualität, Kinderwunsch, S. 117-153, München 1983

Wetterer, Angelika; Walterspiel, Gabriela: Der weite Weg von den Rabenmüttern zu den Wunschkindern, in Häußler e.a.: Bauchlandungen - Abtreibung, Sexualität, Kinderwunsch, S. 15-58, München 1983

Wingen, Max: Der Kinderwunsch in der modernen Industriegesellschaft, Stuttgart-Berlin-Köln-Mainz 1980

Wlodrazek, Eva: Will ich wirklich ein Kind, in: Brigitte 14/92 vom 24.06.1992, Seite 107-115

Wolff, Reinhart: Kindesmißhandlungen und ihre Ursachen, in: AG Kinderschutz, Reinbek 1975

Zenz, Gisela: Kindesmißhandlung und Kindesrechte, Frankfurt/Main 1979

Ziebell, Lindy; Schmerl, Christiane; Queisser, Hannelore: Lebensplanung ohne Kinder, Frankfurt/Main 1992

TEIL II

1. Evolution der Kindheit, Kinderwunsch und kindliche Entwicklung

Lloyd de Mause postuliert für die Zeit von der Antike bis zur Gegenwart eine "Evolution der Kindheit" (de Mause 1978, S. 12). Das Movens dieser Evolution besteht in der grundsätzlichen Fähigkeit "der jeweils nachfolgenden Elterngeneration, sich in das psychische Alter ihrer Kinder zurückzuversetzen und die Ängste dieses Alters, wenn sie ihnen zum zweiten Mal begegnen, besser zu bewältigen, als es ihnen in der eigenen Kindheit gelungen ist."

Ich habe diese Grundprämisse der de Mause'schen psychogenetischen Theorie zur Geschichte der Kindheit andernorts (Nyssen 1991, S. 73 ff.) als "zweite Angstbearbeitung" bezeichnet. Je weiter die zweite Angstbearbeitung historisch entwickelt ist, umso besser kann sich als Folge davon das Kind entwickeln.

Wenn wir uns mit der Thematik "Entwicklung des Kindes" beschäftigen, so gehen wir in der Regel vom bereits geborenen Kind aus. Zu dessen Entwicklung finden wir im Rahmen der psychoanalytischen Theoriebildung eine Reihe vielbeachteter Konzeptualisierungen und empirischer Untersuchungen vor. Die bekanntesten Ansätze sind mit der Freud'schen Phasentheorie, die Entwicklung als psychosexuelle Entwicklung von der "oralen Phase" über die "anale Phase" zur "genitalen Phase" konzeptualisiert, und mit deren Erweiterung hin zu einer psychosozialen Entwicklung bei Erik Erikson, gegeben (Freud 1905; Erikson 1966). Diesen psychoanalytischen Entwicklungslehren liegen zwei Wachstumskriterien zugrunde, ein intrapersonales und ein intersubjektives: Individuation und Beziehungsfähigkeit. Diese Kriterien erscheinen auch wieder in der inzwischen geläufigsten psychoanalytischen Entwicklungslehre, der von M. Mahler, u.a. (Mahler 1980) Störungen des Wachstums, die Individuation und Zwischenmenschlichkeit behindern, werden hier ab der mit der Geburt einsetzenden Entwicklung angenommen.

Diese Sicht kann heute nicht mehr aufrecht erhalten werden. Die gesellschaftliche und wissenschaftliche Diskussion der Entwicklungsproblematik legt die begründete Annahme nahe, daß über Störung oder relative Störungsfreiheit der nachgeburtlichen Entwicklung bereits vor der Geburt wichtige Weichen gestellt werden. Wollen wir uns den Entwicklungsprozeß umfassend vergegenwärtigen, so erscheint die Beachtung folgender Abfolge erforderlich: Geschlechterverhältnis - Kinderwunsch - pränatale Phase -perinatale Phase - Säuglingsalter - Kindheit.

Lloyd de Mause hat die Bedeutung des Geschlechterverhältnisses für die spätere Entwicklung des Fötus und des Kindes nach der Geburt hervorgehoben:

"Ehestreit ist eine der bestdokumentierten emotionalen Ursachen fötaler Gefahr, die - dies ist durch mehrere sorgfältige statistische Untersuchungen belegt - zu späterer Kindersterblichkeit, physischen Krankheiten, körperlichen Schäden, schweren Verhaltensstörungen, Hyperaktivität, Aggressivität und frühem Schulversagen führen kann. Tatsächlich kann allein mütterliche Angst sofort zum Tod des Fötus führen. Dennis Stott hat 'mit annähernd 100 %iger Sicherheit' bei umfangreichen Untersuchungen in Schottland und Kanada eine Verbindung von schwerer emotionaler Not innerhalb der Familie während der Schwangerschaft der Mutter und einem Schaden des Fötus entdeckt." (de Mause 1989, S. 245 f.)

Als weiterer Punkt habe ich den Kinderwunsch erwähnt. Dieser entwickelt sich im Rahmen des Geschlechterverhältnisses. Gerhard Amendt (1990) hat (siehe dazu die vorliegende Arbeit "Am Anfang war der Kinderwunsch") überzeugend nachweisen können, wie stark sich diese Komponente des Geschlechterverhältnisses auf die spätere Entwicklung auswirkt. Vieles spricht dafür, daß wir den Kinderwunsch - in seiner jeweiligen mehr eindeutig-positiven oder mehr zwiespältig-verzerrten Ausprägung - als die wichtigste vorgeburtliche Determinante ansehen müssen.

Die Bedeutung der sich anschließenden pränatalen und perinatalen Entwicklungsphase muß nicht näher hervorgehoben werden. Sie wird immer mehr zu einem Bestandteil des "allgemeinen Bewußtseins" (ausführlich Janus 1991).

Mit der sogenannten Säuglingsforschung (D. Stern 1979) hat sich inzwischen auch ein ausgeprägtes Problembewußtsein über die Bedeutung der allerersten nachgeburtlichen Lebensanfänge in der Mutter-Kind-Interaktion ("Mutter und Kind - die erste Beziehung") herausgebildet.

In den beiden in diesem Band erscheinenden Arbeiten wird aus der oben genannten entwicklungsrelevanten Abfolge der Kinderwunsch einer näheren Betrachtung unterzogen.

2. Analyse der Kinderwunschproblematik und Menschenbild

In der Arbeit "Am Anfang war der Kinderwunsch" wird die These formuliert, daß möglicherweise das unerwünschte Kind das moderne Glied in der Kette von Kindesvernachlässigung und Kindesmißhandlung darstellt, die Lloyd de Mause als den Alptraum Geschichte der Kindheit bezeichnet hat. Diese These wirft die Frage auf, ob es sich beim unerwünschten Kind tatsächlich um ein spezifisch modernes Phänomen handelt oder ob dieses Phänomen bereits in der Vergangenheit auftritt.

Diese Problematik möchte ich im folgenden behandeln. Ich möchte dabei einen anderen Modus zur Analyse des Kinderwunsches in der Geschichte wählen als den soziologischen (H. Rosenbaum 1982; E. Beck-Gernsheim 1985). Dieser hat zweifellos seine Berechtigung. Er geht aus von materiellen Interessen der Eltern als Grundlage "generativen Verhaltens" (Rosenbaum), also des Fortpflanzungsverhaltens der Menschen. Dabei wird für vorindustrielle Zeiten, auf die auch ich mich in dieser Arbeit hauptsächlich beziehe, in den ärmeren Schichten der Gesellschaft ein Interesse an Nachwuchs als zusätzliche Arbeitskraft sowie als Faktor der Altersversorgung, in den wohlhabenden Schichten ein Interesse an "Vererbung von Besitz und Namen" (Beck-Gernsheim 1985, S. 19) herausgearbeitet.

Diese Ebene der Motivation zum Kind kann durch die einschlägige wissenschaftliche Literatur als durchaus plausibel gemacht und teilweise auch belegt angesehen werden. Dennoch wird hier ein ganzer Fragenkomplex, der zur Problematik "Kinderwunsch in der Geschichte" postuliert werden kann, ausgeblendet, nämlich der Fragenkomplex des Einflusses geistiger Strömungen auf den Kinderwunsch, insbesondere der Strömungen, die das "christliche Abendland" bestimmten.

Der soziologische Ansatz, wenigstens in seiner Ausprägung bei H. Rosenbaum und E. Beck-Gernsheim, weist nach zwei Seiten hin systematische Einschränkungen der Analyse auf; nach der biologischen, indem in biologischen Schichten der Persönlichkeit anzunehmende Kinderwunschmotive ausgeschieden werden; und nach der historischen Seite hin, indem, wie gesagt, geistige Strömungen wie die etwa des "christlichen Abendlandes" als von außen auf den Kinderwunsch einwirkende Faktoren - hier kann man zwar nicht formulieren: "ausgeschieden" werden, sie sind der Logik des soziologischen Ansatzes nach durchaus, wenn auch nur als Derivate der Verhältnisse, als vorhanden anzunehmen, aber sie werden einfach nicht näher behandelt.

Von der Annahme einer real existierenden biologischen Schicht im Kinderwunsch wird in der psychoanalytischen Diskussion dieses Themas ausgegangen, allerdings als eben einer Schicht in einem komplexen "bio-psycho-sozialen" (J. Besch-Cornelius 1987, S. 46) Motivationszusammenhang. In dieser Diskussion wird der "Kinderwunsch der Frau als komplexes Gebilde aus biologischen Schichten des Erlebens, aus ichbezogenen und aus partnerschaftlichen Motiven (gesehen). Dem Trieb oder Instinkt am nächsten ist die Sehnsucht nach intensivem Erleben, welches weit über die Zeit des Stillens hinausgeht. Dazu kommen Wünsche, sich über den Tod hinaus zu verewigen und durch das Kind mit dem Älterwerden besser fertig zu werden. Aus den mehr ichbezogenen Motiven entstehen Wünsche, die genitale Intaktheit zu beweisen, aus partnerschaftlichen Motiven die Bereitschaft, die eheliche Zweierbeziehung zu verändern und zu erweitern, nachdem die inzestuöse Bindung an den Ehepartner aufgegeben worden ist. Für Gambaroff (1984) hat der Fortpflanzungswunsch triebhaften Charakter im Gegensatz zur Mutterliebe, die sie in Übereinstimmung mit Badinter (1984) als historisch und sozial bedingt ansieht." (Julia Besch-Cornelius 1987, S. 46).

Verläßt man die Ausschließlichkeit des soziologischen Ansatzes, so ergibt sich eine ganz andere Perspektive auf die Kinderwunschproblematik. Ich lege das de Mause'sche Menschenbild des "homo relatens" (de Mause 1989, S. 17) zugrunde, wonach Erwachsene zum Kind hin eine prinzipielle Regressionsbereitschaft haben und Kinder eine prinzipielle Bereitschaft der Beziehungsaufnahme - eine Annahme, die in der modernen Säuglingsforschung empirisch bestätigt wird (D. Stern 1979). Dieses Menschenbild kann man auch auf die Kinderwunschproblematik anwenden: es besteht seitens der Erwachsenen schon vorgeburtlich (also bevor sie Kinder haben) jene Regressionsbereitschaft, Nachkommen zu zeugen, zu empfangen, zu gebären und großzuziehen, die ihrerseits prinzipiell die Beziehungsaufnahmebereitschaft im Sinne des "homo relatens" mitbringen.

So wie man nun nach den nachgeburtlichen Aktualisierungsbedingungen jener Bereitschaften des "homo relatens" fragen kann (Nyssen 1989), so kann man auch nach vorgeburtlichen Aktualisierungsbedingungen zur generativen Bereitschaft fragen. Unter günstigen Umständen entwickelt sich ein positiver Kinderwunsch, unter ungünstigen eine Abwehr des Kinderwunsches.

In der oben aufgeführten soziologischen Betrachtungsweise verhält sich der Mensch zum Kinderwunsch ausschließlich wie ein "homo öconomikus", Motive wie 'wirtschaftlicher Gewinn oder Verlust durch ein Kind' stehen im Vordergrund. Wie gesagt, es wäre unrealistisch, diesen Aspekt zu übersehen. Zugleich aber wird eine weitere Schichten des "homo relatens" berührende Analyse des positiven Kinderwunsches bzw. der Abwehr des positiven Kinderwunsches und der Auswirkungen des Verhältnisses von positivem Kinderwunsch und Abwehrformen gegen ihn nicht möglich gemacht.

Meine These ist, daß nicht so sehr wirtschaftliche Verhältnisse einer Aktualisierung des positiven Kinderwunsches in der Geschichte entgegengestanden haben, sondern die Religion des "christlichen Abendlandes". Diese Religion unterstützte die Abwehr des Kinderwunsches und ermöglichte sein Überleben nur in verzerrten Formen. Heute wird dies aufgrund der Position der katholischen Kirche zur Abtreibung übersehen. Danach hat es den Anschein, der aber eben nur Schein ist, als enthielte diese Religion eine prinzipielle positive Einstellung zum "werdenden Leben". Wie dem auch hinsichtlich der heutigen Abtreibungsproblematik sei, jene Position impliziert aber auf keinen Fall, daß hier eine positive Einstellung zur Entstehung von neuem Leben, vermittelt über einen positiven Kinderwunsch, bestünde. Das Gegenteil ist der Fall, wie wir noch sehen werden.

3. Sexualpessimismus, perpetuierte Gottesanbetung und verzerrter Kinderwunsch

Im Rahmen der Formulierung seiner Bindungstheorie gelangt John Bowlby (1975, S. 37) zu der Auffassung, Mütter hätten in Gegenwart und Geschichte immer schon gewußt, in welcher Weise sie den Bedürfnissen ihrer Kinder entsprechen können. Dieser Optimismus beruht auf den Grundannahmen der Bindungstheorie, wonach angeborene Verhaltenssysteme von Fürsorge und Bindung zwischen Mutter und Kind eine Art natürliches Band herstellen. Man kann hier auch von einer Instinkttheorie der Mutter-Kind-Beziehung sprechen.

Überträgt man diese heute in den Sozialwissenschaften häufig als "biologistisch" abgewertete Grundanschauung auf die Problematik des Kinderwunsches, so ergibt sich hier eine ebenso optimistische Auffassung. Die Menschen streben in positiver Weise nach Nachwuchs und nach seiner Vermehrung. Dies ist bereits eine innere Notwendigkeit der Anpassungsforderung im Kontext der biologischen Evolutionsgeschichte der Menschheit.

Was nun diese Bindungstheorie betrifft, so steht sie in einer erheblichen Spannung zu Untersuchungen der Eltern-Kind-Beziehung in der Geschichte. Hier ist zu verweisen etwa auf die These von Lloyd de Mause (1978), daß die Geschichte der Eltern-Kind-Beziehung einem Alptraum ähnelt, aus dem wir gerade erst erwachen (S. 12). Oder auf Elisabeth Badinter (1984), die in ihrem Buch "Die Mutterliebe, Geschichte eines Gefühls" versucht hat aufzuzeigen, daß die historischen Fakten, insbesondere vor dem 18. Jahrhundert, gegen die Annahme eines Mutterinstinktes sprechen.

Die Frage lautet nun: ob eine ähnliche Spannung zwischen biologischer Theorie und historischer Analyse auch im Kontext der Problematik "Kinderwunsch" entsteht.

Wir finden hier eine andere methodische Situation vor. Während hinsichtlich der historischen Eltern-Kind-Beziehung eine große Zahl von Schrift- und Bildquellen vorliegen, aus denen Schlußfolgerungen über Kindheit, Mutter-Kind-Beziehung, Eltern-Kind-Beziehungen, etc. abgeleitet werden können, ist dies im Falle des "Kinderwunsches" kaum so. Es können immerhin einigermaßen gesicherte Aussagen darüber getroffen werden, wie die Eltern ihre Kinder in der Vergangenheit behandelt haben; weniger sichere Aussagen lassen sich darüber treffen, inwiefern sie ihre Kinder gewünscht oder nicht gewünscht haben. Das Thema "Kinderwunsch in der Geschichte" steht also auf einem sozusagen dokumentarisch unsicheren Boden.

Diese Aussage muß jedoch dahingehend differenziert werden, daß wir in der Literatur einige Belege für den Kinderwunsch einer ganz spezifischen Population vorfinden, nämlich für den Kinderwunsch jener Menschen, die vergeblich auf Nachwuchs warteten. Von diesen wird berichtet, daß sie in verschiedener Weise versuchten, diesem Mangel abzuhelfen. Diese Belege beziehen sich auf verschiedene abergläubische Praktiken, mit denen die Menschen versuchten, übernatürliche Kräfte dazu zu bewegen, Fruchtbarkeit zu erzeugen. So berichten etwa Hans Boesch (1900) und andere Autoren (Gummrich 1993; Denzler 1988, S. 148), daß im Mittelalter und auch später Wallfahrten unternommen wurden, um auf diese Weise Gott und die "Helfer Gottes" (Kenneth L. Woodward 1991), die "Heiligen", zu einer Unterstützung ihres bislang nicht erfüllten Kinderwunsches zu bewegen.

Für uns ist die Frage, welchen Aussagewert das hier dokumentierte Verhalten für eine allgemeine Theorie zum "Kinderwunsch in der Geschichte" haben könnte.

Ist es möglich, von dem Kinderwunsch dieser spezifischen Population auf einen Kinderwunsch in einer breiteren Bevölkerung zu schließen?

Georg Denzler scheint diese Frage positiv beantworten zu wollen, indem er schreibt:

"Bei dem heute im Vordergrund stehenden Problem, wie man die Empfängnis eines Kindes verhindern könne, bleibt weithin unbekannt, daß frühere Generationen sich mehr darum sorgten, wie sie möglichst viele Kinder bekommen und am Leben erhalten könnten." (Denzler 1988, S. 148).

Und zum Beweis dieser Behauptung führt er eben die zahlreichen christlichen und "heidnischen" Bräuche an, die zur Erzeugung von Fruchtbarkeit praktiziert wurden. So zu argumentieren heißt zunächst einmal, nicht zwischen einem genuinen und einem rein sozial induzierten Kinderwunsch zu unterscheiden. Wenn es heißt, "daß frühere Generationen sich mehr darum sorgten, wie sie möglichst viele Kinder bekommen und am Leben erhalten konnten", so wird übersehen, daß hinter einer solchen Tendenz, wenn es sie denn jemals gegeben hat, keineswegs ein genuiner Kinderwunsch gestanden haben muß. Und jene christlichen oder "abergläubischen" Fruchtbarkeits-riten - woher wissen wir, daß sie früher einen größeren Prozentsatz der Bevölkerung erfaßten als jener Prozentsatz der heutigen Bevölkerung beträgt, der ebenfalls einen unerfüllten Kinderwunsch hegt? Das Verschwinden jener Riten muß nicht das Verschwinden ihrer Ursachen, eben des unerfüllten Kinderwunsches, bedeuten. Die Logik, die Denzler behauptet, wonach in einer Gesellschaft, in der Empfängnisverhütung und nicht "Empfängnisförderung" (Denzler, ebd.) das "im Vordergrund stehende Problem" (S. 148) sei, kein Wunsch nach Kindern mehr bestehe, läßt sich empirisch nicht bestätigen. Im Gegenteil: die heute breit geführte Diskussion um Adoption im In- und Ausland zeigt, wie viele Paare sich Kinder wünschen, aber lange Zeit "erfolglos" bleiben. Andererseits können wir davon ausgehen, daß der angebliche "Kindersegen" (Denzler, S. 151) früherer Zeiten, wie die Arbeiten von Imhof (1988, S. 69 ff.) und Mitterauer (1980) zeigen, keineswegs so ubiquitär war, wie Denzler suggeriert. Und dort, wo es ihn wirklich gab, muß er nicht wie selbstverständlich Resultat genuiner Kinderwünsche gewesen sein. Es bleibt bei Denzler die ganze Problematik sozial erzwungener Kinder"produktion" unerörtet. Unerörtet bleibt weiterhin die Problematik der psychohistorisch tief verwurzelten Ambivalenz von Eltern zu ihren ungeborenen wie geborenen Kindern, die auf einer strukturellen Angst des Erwachsenen vor dem Kind infolge der Angst vor dem Kind in ihm selbst beruht.

Auch muß der Kinderwunsch in jener spezifischen Population, die Wallfahrten unternahm oder sonstwie höhere Mächte zu beschwören versuchte, in seinem genuinen Charakter als Kinderwunsch in Frage gestellt werden.

In der heutigen Literatur über Kinderwunsch finden wir den weiteren Begriff "Kinderwunschmotive". Die Aufstellung dieses Begriffs ermöglicht die Annahme, daß auch einem genuinen Kinderwunsch gegenüber fremde Motive angenommen werden können. So können wir, nach allem was wir über die Rolle der Erbfolge im Kinderwunsch wissen (vgl. oben erwähnten soziologischen Ansatz), vermuten, daß so mancher Wallfahrer weniger um der Erfüllung eines genuinen Kinderwunsches willen und mehr zur Sicherung seiner Erbfolge diese Wallfahrt unternahm. Eine ebenfalls fragwürdige Variante des Kinderwunsches mag man darin erblicken, daß mitunter ein Kinderwunsch als eine Art erzwungener Kinderwunsch erscheint, dann nämlich, wenn Kinderlosigkeit als eine Strafe Gottes galt (Denzler 1988, S. 148 ff.).

Die Hauptproblematik ergibt sich jedoch, wenn man von jener gerade ausgeführten Unterthematik absieht und danach fragt, inwiefern die Mehrzahl der Bevölkerung, die tatsächlich Kinder bekam, zu diesem Nachwuchs gelangte aufgrund eines genuinen Kinderwunsches.

Diese Frage anhand von historischen Quellen zu beantworten erscheint schwierig. Dennoch möchte ich hier eine Diskussion dieses Fragenkomplexes versuchen.

Unsere Argumentation geht in folgende Richtung: um über die reale Existenz von genuinem Kinderwunsch in der Vergangenheit Aussagen machen zu können, müssen wir ein Verfahren wählen, das analog jenem Verfahren ist, mit dem im Kontext der Geschichte der Kindheit versucht wird, auf Verbreitung bestimmter Erziehungspraktiken Rückschlüsse zu ziehen. Man weiß zunächst von den Quellen her über die Verbreitung solcher Praktiken, wie etwa das Schlagen von Kindern, wenig, hat jedoch gleichzeitig Quellen verfügbar, in denen Grundauffassungen, Einstellungen, Ideologien, Meinungen zu den genannten Praktiken geäußert werden. So wird etwa von der großen Häufigkeit der Empfehlung in solchen Schriften, Kinder zu schlagen, wie wir sie in früheren Jahrhunderten finden, zurückgeschlossen darauf, daß auch verbreitet Kinder tatsächlich geschlagen wurden (Nyssen 1984 und 1989).

Nun gibt es allerdings keine Literatur in der Vergangenheit, die explizit zum Kinderwunsch Aussagen macht, so wie wir etwa eben jene Literatur vorfinden, die durchaus explizite Aussagen macht zu Erziehungspraktiken wie Schlagen, etc.

Es fällt auch auf, daß diese Problematik nicht nur hinsichtlich der Quellenlage besteht, sondern auch hinsichtlich der kindheitshistorischen wissenschaftlichen Literatur. Hier wird immer nach der Situation des schon geborenen Kindes in der Geschichte gefragt, wobei es zu kritischen Einschätzungen vom "mißhandelten Kind", vom "geschlagenen Kind", vom "sexuell mißbrauchten Kind" (de Mause, The Universality of Incest, 1988), etc. kommt. Immer jedoch wird die reale Existenz des Kindes vorausgesetzt; die Wunschdimension der Eltern vor der Geburt wird nicht thematisiert. Jedoch: sowohl hinsichtlich der Quellen wie hinsichtlich der heutigen wissenschaftlichen Literatur gilt: wir können eine Reihe von Schriften und Bildquellen hinzuziehen, die möglicherweise in indirekter Weise Aussagen zur Frage des Kinderwunsches enthalten.

Solche Quellen sind meines Erachtens gegeben mit den durchaus reichhaltig vorhandenen Schriften, in denen insbesondere offizielle und halboffizielle Vertreter des christlichen Glaubens ihre Auffassungen zum Geschlechterverhältnis, zur Ehe und zur Geburt von Kindern allgemein äußern. Man kann begründet formulieren, daß in diesen Schriften, etwa der Kirchenväter Augustinus, Albertus Magnus, Thomas von Aquin und anderer insbesondere bei Uta Ranke-Heinemann dokumentierter christlich-abendländischer Theologen Auffassungen vertreten werden, die man bezeichnen könnte als eine Art Madigmachen des Kinderwunsches. Dieses Madigmachen, sozusagen schon im Ansatz Vereiteln einer Kinderzeugung, läßt sich ableiten aus dem in diesen Schriften allgemein vertretenen Sexualpessimismus (Denzler 1988, U. Ranke-Heinemann 1990, Delumeau 1985). Wenn diese Schriften bei den Menschen "im christlichen Abendland" Einfluß gehabt haben, dann ist zu vermuten, daß diese Menschen kaum noch in der Lage waren, einen positiven Kinderwunsch in ihrer Psyche zu entwickeln. Vielmehr scheint nahe zu liegen, daß sie eine Art Abscheu vor der Erzeugung und der Geburt von Kindern gehabt haben müssen und in dem Falle, daß dennoch Kinder geboren wurden, diese eher als eine Last und kaum als etwas Gewünschtes empfunden wurden. Uta Ranke-Heinemann etwa nimmt implizit einen Einfluß in die Richtung des Madigmachens des Kinderwunsches an, indem sie aus der "Tatsache, daß nicht nur Thomas (von Aquin; F.N.), sondern die Theologen allgemein sich ausführlich mit den Enthaltsamkeitsgelübden der Eheleute befassen" (Ranke-Heinemann, S. 202), schließt, "daß mönchsähnliche Eheleute nicht selten waren." (Ranke-Heinemann, S. 202). Sie verweist auf den Kirchenrechtler Gratian (gestorben um 1179) und den Scholastiker Petrus Lombardus (1100 - 1164), die "in ihren Standardwerken solche Ehen und die Fragen, was die Ehepartner müssen, was sie dürfen, was sie nicht mehr dürfen, usw." (ebd. S. 202) behandeln. Auch Sh. Shahar konstatiert den allgemeinen Sexualpessimismus des christlichen Abendlandes und kommt dabei zu Schlüssen, die eine negative Auswirkung auf den Kinderwunsch nahelegen.

> "Die Tatsache, daß Theologen und Autoren moralischer Abhandlungen die Enthaltsamkeit als das höchste Gut darstellten, ermöglichte es den... weltlichen Autoren... über das Schicksal derer, die Kinder zeugten und erzogen, so zu schreiben, wie sie es taten..." (Shahar 1991, S. 13)

nämlich so:

> "Einige weltliche Schriftsteller, die Unterweisungsbücher für Frauen verfaßten, ignorierten einfach das Thema Kinder bzw. die mit Geburt und Erziehung verbundenen Probleme. Wie die Frau ihre Keuschheit bewahren und ihre

ehelichen Pflichten erfüllen soll, wird in allen Einzelheiten beschrieben; ihre Pflichten als Mutter werden jedoch entweder überhaupt nicht oder nur kurz beiläufig erwähnt. Der Akzent liegt eindeutig auf der Rolle der Ehefrau und nicht der Mutter." (Shahar 1991, S. 11/12).

Hier zeigt sich, daß die christlichen Einflüsse nicht nur in der theologischen Literatur zu finden sind und dort wirkungslos für das Alltagsleben steckenbleiben, sondern daß eben auch die "weltlichen Schriftsteller, die Unterweisungsbücher verfaßten" (Shahar), Einfluß in die gleiche Richtung ausübten - was ja auch der allgemein akzeptierten Annahme entspricht, das christliche Abendland habe das Verhalten der Menschen in relativ einheitlicher Weise (im Gegensatz zum "Pluralismus der Moderne") geprägt.

Eine der hauptsächlichen Grundlagen, über die der christliche Sexualpessimismus sich negativ auf den Kinderwunsch auswirken mußte, ist mit einem Psalmvers gegeben, der lautet: "In Ungerechtigkeit bin ich empfangen" und von dem Uta Ranke-Heinemann sagt, daß er von den namhaften Theologen und Kirchenvätern "ständig wiederholt" wurde (ebd. S. 175). Danach kann Kinderzeugung nur "in Sünde", weil mit sexueller Lust verbunden, geschehen; weshalb der Kinderwunsch in nuce bereits den Willen zur Sünde enthält. Was wiederum in der allgemeinen "Angstfrömmigkeit" (O. Pfister 1975, S. 252), die das christliche Abendland beherrschte, viele dazu gebracht haben wird, diesen Wunsch möglichst im Keim zu ersticken oder ihn nur in verzerrter Form zuzulassen. Die bei Uta Ranke-Heinemann dokumentierten theologischen Erörterungen, die um die Möglichkeit einer sozusagen dennoch halbwegs sündenfreien Kinderzeugung angestellt wurden, zeigen, welche Verstandeskräfte aufgewandt wurden, die "eheliche Pflicht" und die doch auch gottgewollte Vermehrung der Menschheit ("seid fruchtbar und mehret euch") so mit dem christlichen Sexualpessimismus zu harmonisieren, daß gleichsam schon im Kinderwunsch eine Abkoppelung von sexueller Lust und Sünde ermöglicht würde. Das Ganze lief auf eine Empfehlung an christliche Eheleute, die die "mönchsähnliche Ehe" (U. Ranke-Heinemann) nicht leisten konnten oder wollten, hinaus, sich Kinder durch eine völlig lustfrei vollzogene Sexualität zu wünschen. Als ideales Modell wurde dabei die von dem Kirchenvater Augustinus angenommene Möglichkeit des lustfreien sexuellen Verkehrs von Mann und Frau vor dem Sündenfall angesehen.

Aber nicht nur der christliche Sexualpessimismus impliziert ein Madigmachen des Kinderwunsches, sondern auch die im "christlichen Abendland" weit verbreitete Grundeinstellung, daß der Wunsch, ein Kind zu haben, sozusagen "von Gott ablenkt", dessen "Verherrlichung" als die höchste Lebensaufgabe eines Menschen angesehen wurde. So wundert es nicht, wenn Shulamith Shahar schreibt:

> "Gibt es ein Leben, das der Anbetung Gottes weniger förderlich ist als das eines Mannes, der durch so viele zarte Bande an die Welt gebunden ist? Diese Fragen stellte Abaelard in einer seiner Predigten, nachdem er Mönch geworden war. Bernhard von Morlas, der gleichfalls im 12. Jahrhundert schrieb, betrachtete das starke Bevölkerungswachstum seiner Zeit mit Sorge. Ständig wachse die Horde gottloser Menschen, die nur wegen ihrer grenzenlosen Fleischeslust heirate und sich hemmungslos vermehre. Eine Heilige habe sich gegen Verlockungen Satans zur Wehr setzen müssen, der sie in Versuchung führen wollte, Kinder zur Welt zu bringen, schrieb ihr Biograph. Kinder seien eine Quelle des Glücks, doch stammten diese Freuden von Satan, der für seine Zwecke sogar die Heilige Schrift 'Seid fruchtbar und vermehrt Euch' (Gen I, 22; 9, 7) zitiere." (Shahar, 1991, S. 11).

Betrachtet man die Struktur dieser Argumentation, so ergibt sich, daß letztlich der christliche Sexualpessimismus nicht einmal die primäre Ursache für das Madigmachen des Kinderwunsches ist, er erscheint vielmehr als eine Art Ableitung aus dem obersten Prinzip einer perpetuierten "Anbetung Gottes".

Zu einer ähnlichen Anschauung kommen auch Jaques Gélis, u.a. (1980). Sie heben zunächst hervor, daß die katholische Tradition die Zeugung von Kindern zum obersten Ziel und zur Pflicht der Ehe macht und daß von daher gesehen auch der Kinderwunsch eine Art Pflicht ist. Sie zitieren aus einer moralischen Erziehungsschrift des 17. Jahrhunderts: "Da das wichtigste Ziel der Ehe die Geburt von Nachkommen ist, versteht es sich, daß Eheleute sich solche wünschen, andernfalls würden sie sich sogar schuldig machen." (S. 19). Mag hier noch trotz des Pflichtcharakters ein gewisser Spielraum für einen genuinen, d.h. hier autonomen und nicht heteronomen Kinderwunsch vorhanden sein, so wird dieser vollends ausgelöscht, indem es weiter heißt, daß Eltern "sich nur Kinder wünschen dürfen, um sie Gott zu schenken und sie in seinem Dienst zu bewahren!" (S. 19). Also im Falle der Enthaltung von Kindeszeugung wie auch bei deren Realisierung: immer darf es nur um die perpetuierte Anbetung Gottes gehen. Dieser Thematik untergeordnet ist die Thematik, die für sich allein schon auch bei Gélis, u.a. als den Kinderwunsch verzerrend erscheint, die des Sexualpessimismus. Sie stellen fest, daß "sich für die Menge der Gläubigen ein tiefer Widerspruch zwischen natürlichem Verlangen und einer Sittenlehre ergibt, die sehr tief wurzelnde Ängste ausdrückt: die Angst vor der Leiblichkeit, die Schweigezone des Geschlechtslebens, die Angst, das Kind müsse für die Sünde der Eltern büßen. Christliches Denken spiegelt diese Angst wider, indem es die Vereinigung Liebender gleichsetzt mit dem Sündenfall, dessen Makel auf jeder Geburt liegt, und indem es die Lust geradezu als Kennzeichen für die Unreinheit der Fortpflanzung behandelt." (S. 21).

Wir müssen eine Differenzierung des Einflusses von Theologen hinsichtlich der sozialen Schichtzugehörigkeit derjenigen, die beeinflußt wurden, erörtern. Dies gilt, wenn wir folgende Feststellung Badinters über das schon vorhandene Kind auch auf die vorgeburtliche Wunschdimension der Eltern übertragen:

"Das tragische Bild der Kindheit (Kindheit als 'Sünde' oder als 'Irrtum', F.N.), wie es Theologen, Pädagogen und Philosophen sich vorstellten, wurde vermutlich nicht von einer Mehrheit geteilt. Der Einfluß der Ideologen und Intellektuellen auf die herrschenden und gebildeten Schichten darf zwar nicht unterschätzt werden, doch war dieser Einfluß in den übrigen gesellschaftlichen Kreisen erkennbar begrenzt. Angesichts der wirklichen Verhaltensweisen der einen wie der anderen hat man den Eindruck, daß das Kind weniger als das Übel oder die Sünde, sondern vielmehr als eine Last empfunden wird, ja, sogar als Unglück." (E. Badinter 1984, S. 44).

Badinter bleibt allerdings den Nachweis dafür, daß der Einfluß "in den übrigen gesellschaftlichen Kreisen erkennbar begrenzt" (S. 44) gewesen ist, schuldig. Wenn wir nun Badinters Aussage auf die oben zitierte Aussage von Uta Ranke-Heinemann, die sich ja durchaus schon auf die vorgeburtliche Wunsch-Dimension der Eltern bzw. der gerade nicht-"Eltern", also auf die Aussage über die historische Existenz von "mönchsähnlichen Eheleuten" beziehen, so müssen wir annehmen, daß ein Einfluß in diese Richtung des Madigmachens des Kinderwunsches von Seiten der Theologen eher in den höheren Schichten gewirkt haben muß.

Wie gesagt: es bleibt aber fraglich, ob Badinters Behauptung über den stärkeren Einfluß der Theologen auf die höheren Schichten zutreffend ist. Zieht man andere Literatur hinzu, so könnte auch ein anderer Eindruck entstehen, etwa in Uta Ottmüllers Analyse der Praktiken der Säuglingsernährung in Süddeutschland im 19. Jahrhundert, wo nachgewiesen wird, daß der Einfluß der katholischen Kirche auf eine spezifische Variante nachgeburtlicher Kindesfürsorge, nämlich auf das Stillverhalten von Müttern, zeigt, wie stark der die ganze Bevölkerung durchdringende Einfluß hier in die Richtung des Madigmachens des Stillens als etwas Abscheu erregendes gewesen ist. Nach dieser Analyse läge eher der Schluß nahe, diesen Einfluß als auch tiefer durchdringend bis in die Dimension des Kinderwunsches weiter Bevölkerungskreise anzunehmen (U. Ottmüller, 1991).

Uta Ottmüller (1991) führt aus, daß "in weiten Bereichen Süddeutschlands... das Stillen sowohl aufgrund seiner empfängnisverhütenden Funktion als auch aufgrund optischer Schamschranken als unanständig (galt)." (S. 43). Zum Verständnis dieser Feststellung müssen wir uns vor Augen halten, daß im christlichen Abendland davon ausgegangen wurde, daß die Frau während der Stillperiode unfruchtbar sei, dadurch aber "Geschlechtsverkehr ohne Folgen" möglich werde und so das Stillen indirekt zu einer Methode der Empfängnisverhütung werde, deren Anwendung wiederum nach christlicher Auffassung Sünde war.

Hier tat sich für die Menschen wiederum eine gleichsam typisch christliche Zwick-mühle auf, die sie an jeglichem genuinen Kinderwunsch verzweifeln lassen konnte: das Stillen war moralisch verdächtig, aber das Zeugen von Kindern - obwohl gleichzeitig geboten - auch. Denn das Zeugen von Kindern war mit Lust verbunden (Ottmüller, 1991, S. 37).

Von daher gesehen erscheint der christliche Sexualpessimismus als eine der haupt-sächlichen psychohistorischen Hypotheken, die - teilweise bis in die Jetztzeit hinein - eine mögliche Selbstregulierung der eingangs aufgestellten Abfolge: Geschlechter-verhältnis - Kinderwunsch - pränatale Phase - perinatale Phase - Säuglingsalter - Kindheit - behinderten und behindern.

4. "Vorbilder" für die Entwicklung eines positiven Kinderwunsches in der christlichen Kunst?

Eingangs des folgenden Abschnitts dieser Arbeit möchte ich ein Zitat des zu seiner Zeit (ca. 1405; Arnold 1980, S. 140) einflußreichen Dominikaners Giovanni Dominici anführen:

"Als erste Regel möge dir (dem Hausvater, F.N.) folgender Rat dienen: Sorge dafür, daß sich in deinem Haus Bilder von heiligen Knaben oder Jungfrauen befinden. An ihnen soll sich dein Kind sozusagen noch in den Windeln erfreuen als an seinesgleichen, da es in diesen Bildern den Ausdruck seines eigenen Verlangens finden wird. Die ganze Darstellung soll daher dem kindlichen Alter entsprechend und ansprechend sein. Was hier von Bildern gesagt wird, gilt natürlich ebenso von

Statuen und Schnitzwerken. Passend wäre demnach das Bild der allerseligsten Jungfrau Maria mit dem Kind, das einen Vogel oder Apfel in seinen Händen hält, auf dem Arm. Geeignet ist auch die Darstellung des Jesuskindes an der Mutterbrust oder wie es auf dem Schoß der Mutter schläft." (Arnold, S. 140).

Über die allgemeine Erziehungsabsicht dieses Christen erlangen wir weitere Auskunft durch seine folgenden Ausführungen:

"Sie (die Kinder. F.N.) dürfen sich nicht anmaßen zu reden... denn es gibt noch immer Männer mit Bärten... . Heilig ist das Schweigen... . Die Demut spricht nicht... ." "Häufige Schläge bringen ihnen Nutzen... denn dieses Alter, anfällig für das Böse, hat es nötig, im Zaum gehalten zu werden. Und das soll nicht nur dauern, bis sie drei, vier oder fünft Jahre alt sind..." (zit. bei: Garin, E., 1964, S. 35).

Hier wird deutlich, daß Werke der bildenden Kunst zum Zwecke der christlichen Erziehung eingesetzt wurden. Möglicherweise sind sie auch zur Beeinflussung des Kinderwunsches verwendet worden.

Wir finden zusätzlich zu den sexualpessimistischen Quellen noch eine andere Kategorie von Quellen, die möglicherweise andere Schlüsse, solche auf einen vorhanden gewesenen Einfluß in Richtung der Erzeugung eines positiven Kinderwunsches zulassen. Ich denke hier an die verschiedenen schriftlichen und bildlichen Quellen über das Leben bzw. über das legendär angenommene Leben der sogenannten Muttergottes, der heiligen Maria. Die Marienlegenden beginnen, entsprechend den sogenannten Apokryphen, (Weidinger 1991) mit dem Kinderwunsch von Joachim und Anna, den Eltern der Maria. Hier finden wir einen ganz eindeutig formulierten Kinderwunsch vor. Allerdings handelt es sich wiederum um zwei Angehörige jener oben genannten Population, deren Kinderwunsch sich zunächst für lange Zeit nicht erfüllte. Durch göttliches Eingreifen kommt es hier jedoch zu einer positiven Lösung, worüber Auskunft gegeben wird in zahlreichen Bildquellen-Darstellungen der sogenannten "Begegnung von Anna und Joachim unter der Goldenen Pforte" (Abb. 1 und 2).

Wie auch sonst nichts im Christentum (Nyssen 1993), so ist auch die Begegnung von Joachim und Anna unter der Goldenen Pforte nicht ohne Ambivalenz. Einerseits ist sie Fruchtbarkeitssymbol (vgl. Ströter-Bender 1992, S. 56), andererseits Keuschheitssymbol (Ines Dresel u.a. 1992, S. 95). Man kann auch sagen, daß sich hier die auch für das Christentum notwendige Akzeptanz der menschlichen Fortpflanzung und der christliche Sexualpessimismus berühren. Mit anderen Worten: daß hier versucht wird,

Abb. 1

"Joachim und Anna an der Goldenen Pforte",
Meister des Marienlebens, 1460-65, Alte Pinakothek,
Bayerische Staatsgemäldesammlungen, München

"Begegnung von Anna und Joachim unter der Goldenen Pforte",
Staatsgalerie Stuttgart

einen Kompromiß zu finden zwischen Leben und Religion, zwischen Lust und Idealität, zwischen Menschlichkeit und Heiligkeit. Vielleicht spüren wir etwas auf von den komplexen Anforderungen an das christliche Seelenleben, seine Einstellung zu Kinderwunsch und werdendem Leben, wenn wir uns näher anschauen, was es auf sich hat mit dieser Begegnung von Anna und Joachim, den Eltern der Muttergottes, die ihrerseits dann nach christlicher Vorstellung ein Wesen (Jesus) gebirt, das nicht nur Kompromiß, sondern vollständige Einheit von Mensch und Gott, von Leben und Heiligkeit, von Zeitlichkeit und Ewigkeit etc. darstellen soll.

Diese Sicht hat sich mir aus meiner eigenen Rezeption dieses Themas ergeben. Ich gehe davon aus, daß die Schwierigkeiten des Verstehens, die ich bei dieser Rezeption erlebt habe, sich in irgendeiner Weise auch in den Menschen in christlicher Vergangenheit abgespielt haben und daß sich hierin ein unlösbares Dilemma des Christentums hinsichtlich des Kinderwunsches spiegelt. Zunächst fand ich bei Ströter-Bender die Mariengeburt, also die Verwirklichung des Kinderwunsches von Anna und Joachim, dargestellt als Fruchtbarkeitssymbol:

"Die Geburt Mariens nimmt in den großen Bildfolgen der Marienlegenden des abendländischen Mittelalters (bis zu 16 Szenen) einen wichtigen Stellenwert ein. Die heilige Anna ruht meist, einer Königin gleich, auf einem riesigen altarähnlichen Bett (Abb. 9 und 11: auf diese Beschreibung besonders zutreffende Bilder, F.N.). Fröhliche Helferinnen und Verwandte baden das Marienkind. Es ist eine Fruchtbarkeitsszene voller elementarer Kraft, wobei auf den byzantinischen Ikonen das feurigen Rot des Mantels, der die heilige Anna umhüllt, in seiner Symbolik das Geburtsereignis und die Mutterliebe der Wöchnerin noch betont. Im Gegensatz zu den kontemplativen, eher stillen Geburtsszenen von Jesus (mit seiner jungfräulichen Mutter) wird die Geburt Mariens zu einem Triumph der Weiblichkeit, der Fähigkeit, zu gebären und damit der Welt Rettung zu schenken." (Ströter-Bender 1992, S. 56).

Diese Darstellung ließ vermuten, daß Anna und Joachim das Kind Maria wie biologische Eltern durch sexuellen Verkehr erzeugt haben, daß sich also ihr Kinderwunsch, wenn auch durch Intervention Gottes unterstützt, auf natürliche Weise realisierte. Diese Ansicht legt auch Uta Ranke-Heinemann nahe, indem sie ausführt, daß "man von Maria annahm, daß sie durch normalen Geschlechtsverkehr erzeugt wurde." (U. Ranke-Heinemann 1990, S. 175). Bei Ströter-Bender wird dieser Eindruck unterstrichen:

"Als Ort der Begegnung und Umarmung von Anna und Joachim bildet die Goldene Pforte in der christlichen Kunst den symbolischen Rahmen, um die körperliche Liebe zwischen Mann und Frau und die Empfängnis eines Kindes darzustellen." S. 43).

Weiter wird diese natürliche Sicht der Erzeugung Mariens von Ströter-Bender unterstrichen, indem sie eine russische Ikone (Abb. 3) zu dem Thema "Begegnung von Anna und Joachim" hinzuzieht und dazu bemerkt:

"Der linke Fuß Joachims ruht leicht auf einem Fuß seiner Frau, zartes Symbol ihrer körperlichen Vereinigung." (Ströter-Bender 1992, S. 44).

Demnach müssen wir davon ausgehen, daß der Bildtypus "Begegnung von Anna und Joachim unter der goldenen Pforte" dem gläubigen Menschen signalisiert, daß hier zwar eine symbolische Darstellung zu sehen ist, daß das, was symbolisiert wird, aber der tatsächliche sexuelle Verkehr von Mann und Frau ist, vollzogen unmittelbar nach der Begegnung unter der goldenen Pforte, die gleichsam als zärtliche Einleitung gesehen werden kann. Dieser Eindruck bleibt auch bei Ströter-Bender im wesentlichen bestehen, wenngleich auch hier bereits einige Verwirrung im Leser entstehen kann, insofern dann später doch von einer "unbefleckten Empfängnis" Mariens durch Anna die Rede ist. Diese Verwirrung wird dann wieder nach dem zur Symbolik der körperlichen Vereinigung konträren Pol hin aufgelöst, wenn wir die Interpretation der Mariengeburt bei I. Dresel u.a. lesen, die jetzt keinen Gedanken an eine solche Vereinigung mehr erlaubt und den Bildtypus "Mariä Geburt" nunmehr allein als Symbol einer Verwirklichung des Kinderwunsches durch göttlich herbeigeführte "unbefleckte Empfängnis" erscheinen läßt. Zu Abb. 11 heißt es:

"Vor dem Bett kniet ihr (Annas, F.N.) Mann, Joachim. Er hat betend die Hände gefaltet und blickt auf die Tochter, deren rechte Hand andeutet, daß sie den Auftrag Gottes gehorsam verrichten wird. Die wunderbare Geschichte, die der Engel Joachim verkündet hatte, hat sich vollendet, und in dem Säugling sieht er wie wir die künftige Mutter des Heilands. Weiße Locken kennzeichnen Joachim als alten Mann. Er trägt im Unterschied zu Anna und Maria keinen Heiligenschein und spielt offensichtlich - darin Josef vergleichbar - eine untergeordnete Rolle (War er doch auch nicht der natürliche Vater des Kindes, dessen unbefleckte Empfängnis die katholische Kirche am 8. Dezember in einem eigenen Fest feiert und die seit 1854 ein Dogma ist.)" (I. Dresel u.a., Karlsruhe 1992, S. 95).

Wenn es hier heißt: "... in dem Säugling sieht er wie wir die künftige Mutter des Heilands", so darf daraus geschlossen werden, daß die Autorinnen sich dem in dem das Zitat abschließenden Klammersatz mitgeteilten katholischen Dogma der "unbefleckten Empfängnis" der Maria durch Anna anschließen und dem Leser sagen wollen: die auf dem Bild (s. Abb. 11) zu sehende Anna und ihr Mann Joachim, der vor dem Bett kniet, haben nicht zusammen geschlafen und dadurch das auf dem Bild ebenfalls zu sehende Kind gezeugt.

"Begegnung an der Goldenen Pforte"
("Die Empfängnis der heiligen Anna")
russisch, Ende 16. Jh., Ikonen-Museum Recklinghausen

Ich gehe davon aus, daß die gläubigen Christen in der Vergangenheit beide Sicht-
weisen vermittelt bekamen, die der "körperlichen Vereinigung" und die der "unbefleckten Empfängnis". Diese Zweideutigkeit ergibt sich notwendig aus der ganzen
christlichen Lehre der "Menschwerdung Gottes". Um letztere zu unterstreichen,
wurde die Lehre von der unbefleckten Empfängnis Jesu durch Maria, geschehen in der
sogenannten "Verkündigung" (Abb. 4), geschaffen. Dabei ist in unserem Kontext
nebenbei interessant zu sehen, daß diese "unbefleckte Empfängnis" nicht, wie im
Falle der Empfängnis von Maria durch Anna, auf einen Kinderwunsch zurückgeht. Von
einem Kinderwunsch Marias ist nie die Rede in den Evangelien oder anderen "heiligen
Schriften". Die Empfängnis kommt ganz unerwartet "über sie", ist zunächst allein
Folge des göttlichen Willens so wie es dieses Motiv bereits in vorchristlich-
"heidnischer" Religion gab (Abb. 5 Danae).

Aber zurück zu unserem Gedankengang. Wie sollte die unbefleckte Empfängnis Jesu
durch Maria möglich sein, wenn diese als Mensch wie alle anderen Menschen durch die
Erbsünde, die in dem als prinzipiell sündhaft (weil lustvoll) angesehenen Geschlechtsakt der Eltern weitertransportiert wird, selbst "befleckt" war? Dieses Problem konnte
nicht gelöst werden, denn eine wiederum so eindeutig unbefleckte Empfängnis
Mariens durch Anna wie die Jesu durch Maria konnte nicht angenommen werden, da
sich dann ein infiniter Regress von unbefleckter Empfängnis von Anna und Joachim
zurück bis zu Kain und Abel ergeben mußte. Dann hätte es aber gar nicht den
Sündenfall gegeben, zu dessen gleichsam "Wiedergutmachung" die spätere Menschwerdung Gottes ja nötig wurde. Andererseits: eine rein menschlich-natürliche -
"sündhafte" Erzeugung der Maria durch Anna und Joachim konnte für die "Muttergottes" auch nicht angenommen werden. Das Ergebnis dieser Problematik ist: der
gläubige Christ muß in dieser Frage in einem zerrissenen Zustand zurückgelassen
werden.

Uta Ranke-Heinmann (S. 175) zeigt auf, daß zu dieser Frage in der christlichen
Theologie ein erbitterter Streit geführt wurde, der niemals konsensuell beendet
werden konnte - trotz des "Dogmas" der unbefleckten Empfängnis Marias durch Anna
von 1854. In dieser Debatte, die ich hier nicht wiedergeben kann, hat wiederum der
christliche Sexualpessimismus, wie U. Ranke-Heinemann deutlich macht, seine tief-
greifenden Spuren hinterlassen.

Abb. 4

Verkündigung an Maria
Schwäbischer Meister, 1489. Kat. 15,
Staatliche Kunsthalle Karlsruhe

Abb. 5

Jan Gossaert, genannt Mabuse, Danae, 1527

Danae ist eine Gestalt aus der griechischen Mythologie. Ihr Vater, König Akrisios von Argos, hielt sie in einem Turm gefangen, um ihre Jungfräulichkeit zu behüten, da ihm das Orakel verkündet hatte, er werde durch die Hand des eigenen Enkels sterben. Aber Zeus gelangte in Gestalt eines goldenen Regens in ihr Gemach und sie empfing den Perseus, der später tatsächlich unbeabsichtigt seinen Großvater tötete. - Im Mittelalter wurde Danae als Präfiguration Mariae gedeutet, später eher als Beispiel für die Korrumpierbarkeit der Keuschheit durch das Gold (Alte Pinakothek, 1991, S. 84 f.).

Aus der Widersprüchlichkeit der Darstellung von "Anna und Joachim" ziehe ich den Schluß, daß die gläubigen Christen in ihrem Kinderwunsch tief verunsichert gewesen sein müssen. Denn wurde ihnen nicht hier vorgeführt, daß schon der gottgesegnete Kinderwunsch der Eltern der Gottesmutter in seinen Folgen nicht rundum sündenfrei war? Wie sündhaft mußte dann erst ihr eigenes Wünschen und das daraus folgende sexuelle Handeln sein! Zugleich bot sich aber auch ein Schlupfloch an: wenn sogar die Eltern der Muttergottes möglicherweise sexuellen Verkehr hatten, warum nicht dann auch wir!

Die real existierende nicht abbrechende Generationenfolge auch in christlicher Vergangenheit zeigt, daß dieser letztgenannte Aspekt sich durchgesetzt hat - aber: vielleicht ersehen wir aus der gerade deutlich gemachten Widersprüchlichkeit, mit welcher psychohistorischen Hypothek von Sündenbewußtsein diese Generationenfolge jahrhundertelang beladen gewesen sein muß. Das Wort von den Menschen als "Gotteskindern" scheint mir hier vielfach zurückgenommen, unterminiert, verkompliziert.

Um Aussagen zu treffen über den Kinderwunsch in der Geschichte, käme es nun darauf an, die hier aufgeführten beiden Grundströmungen des Einflusses auf die Bevölkerung gegeneinander abzuwägen. Einmal die genannte negative Strömung des Madigmachens des Kinderwunsches, zum anderen die Strömung, die teilweise aus dem Thema "Anna und Joachim" resultiert und zur Ausbildung eines positiven Kinderwunsches führen kann.

Eine positive Motivierung zum Kinderwunsch nimmt Charles de la Roncière für die historische Vergangenheit als wie selbstverständlich gegeben an. Er erläutert die Darstellung einer Mariengeburt aus dem 15. Jahrhundert (Abb. 6) wie folgt:

> "Matronen kümmern sich um das Neugeborene, dem sie mit natürlicher Zuneigung, in diesem Falle aber zugleich mit Respekt begegnen. Vom Vorbild der hl. Anna, der hl. Elisabeth (s. Abb. 7 und 8, Einfügung F.N.) und der Jungfrau Maria inspiriert und von der weiblichen Umgebung unterstützt, entwickelt sich die Mutterliebe spontan wie hier, wenngleich sie sich mitunter eine Weile gedulden mußte, bis das Kind von seiner Nähramme zurückkam." (Ch. de La Roncière 1990, S. 219).

Hier handelt es sich um eine durch die Religion und ihre erzählerische Darstellung im Bild bedingte positive Motivierung zu "Mutterliebe", also wiederum um ein nachgeburtliches Phänomen, jedoch impliziert die Logik der Argumentation von La Roncière

Abb. 6

Geburt Mariä
Veroneser Meister des 15. Jh.,
(Siena, Musco dell'Opera Metropolitana, Duomo)

Abb. 7

Ein Kind wird zu Bett gebracht, Lüneburg, Johanniskirche
H.G. Gmelin, Spätgotische Tafelmalerei in Niedersachen
und Bremen, 1974, Nr. 10

Im Hintergrund einer Tafel von einem Passionsaltar der Lüneburger Johanniskirche, auf welcher der hamburgische Maler Hinrik Funhof im Jahre 1483 das Leben Johannes des Täufers dargestellt hat, wird als erste Szene gezeigt, wie die Mutter des Täufers, Elisabeth, im Bett aufgerichtet zuschaut, wie eine Magd ihren Sohn in einem Kinderbett zur Ruhe bringt. Das Fußteil des Bettes ist mit einer Darstellung der zwei Kinder Johannes und Jesus geschmückt. Im Hintergrund des Bettes zwei Frauen im Gespräch. Auch dieser Maler hat also die den Frauen vorbehaltene Wöchnerinnenstube darstellen wollen (Bookmann, München 1987, S. 326)

Geburt des Johannes
Roger van der Weyden (1399 - 1464)
Städel Frankfurt am Main

eine Übertragung dieser Motivierung auf den Kinderwunsch. Nach dieser Logik muß man erwarten, daß Mädchen und Frauen sich durch die Geschichte von Joachim und Anna ebenso zum positiven Kinderwunsch motivieren ließen wie sie sich durch die Geschichte von Mariä Geburt im Sinne des vorgestellten Bildes zur Mutterliebe motivieren ließen. Ich möchte dies hier nur als interessanten Hinweis seitens de La Roncières verstehen; von einem Beweis, daß derartige Zusammenhänge real existierten, kann jedoch nicht die Rede sein. Die wirklichen Beweise bringt La Roncière aber für soziale Verhältnisse, die die Entstehung dieses positiven Kinderwunsches bei den Mädchen und Frauen eher als fragwürdig oder zumindest zwiespältig erscheinen lassen. Anhand von "Gemeindestatuten", Aussagen von zeitgenössischen Juristen, "Rechtskommentaren, Gesetzen und moralistischen Schriften" (S. 205) weist er nämlich eine ganz deutlich ausgeprägte patriarchale Herrschaft in jenem Raum-Zeit-Gebiet nach, auf das sich seine Aussagen beziehen, nämlich auf gesellschaftliche Oberschichten in italienischen Städten im 14. und 15. Jahrhundert. So etwa, daß "Gemeindestatuten wie das von Gello in der Toscana" im Jahre 1373 "den Männern das Recht verliehen, ihre Kinder, ihre jüngeren Brüder und auch ihre Frauen zu züchtigen" (Zitat im Zitat aus den genannten Statuten, de La Roncière 1990, S. 205).

Oder:

"In Italien war es traditionellerweise der Ehemann, der die häusliche Gewalt ausübte. Im 12. und 13. Jahrhundert nahm sein Autorität, die der des Königs gleichgesetzt wurde, in den Augen der Juristen (zumal jener in Bologna) sogar noch zu. Eine beliebte Redensart des 13. Jahrhunderts spiegelt die allgemeine Auffassung wider: 'In seinem Haus ist jeder König' ('Quilibet, in domo sua, dicitur rex'). Der Vater besaß die Gewalt ('paterna potestas') über die Kinder, er allein; der Jurist Azzo erläutert: 'Weder Mütter noch Großeltern mütterlicherseits haben Gewalt über die Kinder.' Die Gewalt des Vaters erstreckte sich auf seine sämtlichen Nachfahren, insbesondere auf seine Enkel, und zwar unabhängig von seinem eigenen Alter - mochte er auch schon in den Sechzigern ('etiam sexagenarius') sein - und unabhängig vom Alter der Kinder." (S. 204).

Der Kinderwunsch von Mädchen und Frauen, der sich angesichts dieser allgemeinen Verhältnisse begründet vermuten läßt, erscheint daher als eine Art Reaktion auf ihre Ohnmachtsposition bzw. als Reaktion auf eine bloß sekundäre Erziehungsmacht, die in diesen Verhältnissen Frauen mit Kindern in Aussicht gestellt wird. Zwar heißt es zunächst:

"... argumentierten die Moralisten Fra Paolino, L. B. Alberti und E. Barbaro: Als alleiniger Herr in seinem Haus entdeckt der Mann seinem Weibe nicht alle Familiengeheimnisse. Er bildet sie zu ihrem weiblichen Berufe aus und darf ihr, eingedenk der Schwachheit ihres Körpers und Charakters, nur geringe Verantwortung im Haushalt übertragen." (S. 205).

Jedoch hindern solche Quellen-Aussagen La Roncière nicht an der Vermutung:

> "Ungeachtet solcher Aufgaben fand die Frau ihre Erfüllung vorwiegend in der
> Erziehung der Kinder. ... Aus mancherlei Gründen fiel den Frauen die Rolle der
> Erzieherin zu; in erster Linie waren es Altersgründe. In der Regel waren die
> Frauen, wenn sie mit sechzehn oder achtzehn Jahren heirateten, sieben bis zehn
> Jahre jünger als ihre Männer. So standen sie zwischen der Generation des Vaters
> und derjenigen der Kinder und fühlten sich besonders ihrem älteren Nachwuchs
> verbunden. Mütter verkörperten Stabilität und Dauer in einer Welt, in der die
> Männer (zumal in den Städten) einen langen Arbeitstag als Kaufmann oder
> Handwerker hatten und oft weite Reisen unternehmen mußten. So hatten die
> Frauen beträchtlichen Einfluß auf ihre Kinder." (S. 209).

Einen konkreten Beleg für diese Aussagen führt La Roncière allerdings nicht an. Er
bleibt hier im Rahmen einer Argumentation des bloßen Plausibelmachens von
Verhältnissen, ebenso wie es bei seiner oben angeführten Aussage über einen
Zusammenhang von "Mariä Geburt" und Mutterliebe der Fall war. Dennoch möchte
ich jene These von der "Erfüllung in der Erziehung" nicht grundsätzlich in Frage
stellen. Jedoch: können wir nicht, was den Kinderwunsch betrifft, zu einer eher
gegenteiligen Vermutung gelangen, wenn wir festhalten, was La Roncière selbst an
einer anderen Stelle bemerkt und was auch in der übrigen Literatur berichtet wird:

> "Ganz junge Kinder teilten oft das Los der Mutter. Im Bürgertum wurden jedoch
> Säuglinge nur selten von der Mutter gestillt. Meist wurden sie einer Nähramme
> übergeben, die nur im Ausnahmefall (23 Prozent) im Hause der Herrin wohnte.
> Drei von vier Kleinstkindern verbrachten die ersten Lebensmonate außerhalb der
> elterlichen Wohnung; ja, 53 Prozent von ihnen wurden von den Eltern erst dann
> zurückgeholt, wenn sie mindestens anderthalb Jahre alt waren." S. 217).

Wir treffen hier auf eines der Hauptprobleme bei der Erforschung von Einstellungen
in einer weit zurückliegenden Vergangenheit: das Problem der Nachvollziehbarkeit
von Motivationen. Wenn wir heute von einem positiven Kinderwunsch sprechen, so ist
darin wie selbstverständlich die Erwartung impliziert, daß Eltern, die einen solchen
Wunsch hegen, dann, wenn das Kind geboren ist, dieses auch bei sich behalten und
wenn möglich, auch selbst stillen. Legen wir nun diese Vorstellung von positivem
Kinderwunsch und seinen praktischen Folgen für das Kind zugrunde, dann wäre damit
die Vermutung stark gemacht, daß wenigstens bei jenen 53 Prozent der Kinder, die
von ihren Eltern erst dann von der Amme zurückgeholt wurden, "wenn sie mindestens
anderthalb Jahre alt waren" (S. 217), von mehr oder weniger unerwünschten Kindern
gesprochen werden kann. In der Terminologie von L. de Mause: "Diese Kinder wurden
weggegeben." Wären sie wirklich erwünscht gewesen, hätte man sie zu Hause

behalten (was ja ökonomisch für die hier behandelten sozialen Schichten gar kein Problem gewesen wäre) und die Mutter hätte ihr Kind selbst gestillt. Meines Erachtens ist diese Argumentation, die mehr dem "Alptraum Geschichte der Kindheit" (de Mause 1978, S. 12) entspricht, von einigem Gewicht. Zugleich läßt sich an dem hier zur Diskussion stehenden Sachverhalt die Problematik von Einschätzungen zur Geschichte der Kindheit klar machen. Es fällt auf, daß La Roncière eine Urteilsbildung wie die eben skizzierte ganz fern zu liegen scheint. Seine Art, die Verhältnisse jener Zeit nachzuvollziehen, ist eine ganz andere als bei L. de Mause. Er spricht nicht von einer "Weggabe", die aus einer Unerwünschtheit oder Ablehnung des Kindes resultiert, sondern registriert das Ammenwesen als eine Art Brauchtum, innerhalb dessen sich das Verhalten der Eltern ganz unbeschadet einer grundsätzlich positiven Einstellung zum Kind bewegte. Und zu einer Sorge um das Kleinstkind, das entfernt von seinen Eltern aufwuchs, bestand, so legt La Roncière nahe, ebenfalls kein Anlaß, denn bei der Amme, so vollzieht er Aussagen zeitgenössischer Moralisten nach, die sich über eine zu enge Bindung zwischen Amme und Pflegekind beschweren, handelt es sich um eine "liebevolle, fürsorgliche Ersatzmutter." (S. 217).

Bezogen auf die uns interessierende Kinderwunschproblematik liefe diese ganze Sichtweise etwa auf folgende Einschätzung hinaus: die Eltern haben das Kind durchaus gewünscht, aber positiver Kinderwunsch damals bedeutete etwas anderes als positiver Kinderwunsch heute. Auch diese Art, Eltern-Kind-Beziehungen in der Vergangenheit nachzuvollziehen, ist nicht ohne Gewicht. Jedoch scheint mir hier deutlich zu werden, daß wir in jedem Fall annehmen müssen, damals seien Kinder uneingeschränkt erwünscht erst in einem späteren Alter gewesen. Dies gilt offenbar nicht nur, wie La Roncière nahelegt, für die unteren sozialen Schichten, sondern für alle Schichten:

> "Die Zahl der ausgesetzten Kinder war so groß, daß für sie Hospize errichtet wurden, so 1445 in Florenz die Hospize San Gallo und Innocenti. Die Existenz solcher Anstalten ermutigte wiederum manche Eltern, ihre Kinder auszusetzen. Säuglinge, zumal Mädchen, waren gesundheitlich anfällig und manchmal auch wenig erwünscht, so daß die Liebe zum Kind gegenüber der Armut oft den Kürzeren zog.
> War indes das Kind einmal so groß, daß es laufen und sprechen konnte, änderte sich die Einstellung." (S. 219).

Fassen wir noch einmal zusammen: La Roncière geht davon aus, daß die Darstellung "Mariä Geburt" wie selbstverständlich in Mädchen und Frauen der damaligen Zeit Impulse zur Mutterliebe aktiviert. Wir hatten erweitert, daß damit auch die Schlußfolgerung nahe liege, es werde durch diese Darstellungen auch der Kinderwunsch aktiviert. Diese Folgerung kann sicher eine relative Gültigkeit beanspruchen, etwa ebenso wie die im vorigen Kapitel aufgestellte Behauptung, daß die "Begegnung zwischen Anna und Joachim unter der Goldenen Pforte" bei all ihrer durch den christlichen Sexualpessimismus bedingten Ambivalenz von "Keuschheit" und "körperlicher Liebe" doch letztlich auch Impulse des Kinderwunsches aktiviert, eine relative Gültigkeit beanspruchen kann. Zugleich aber gelten auch hier eine Reihe von Einschränkungen: zunächst die untergeordnete Stellung des weiblichen Geschlechts im patriarchalischen System, die einen genuinen Kinderwunsch kaum zuläßt; des weiteren die Tatsache, daß die Weggabe von Neugeborenen zu Ammen sehr verbreitet war. Wie tiefgreifend kann der Kinderwunsch, der unter anderem durch Darstellungen von "Mariä Geburt" aktiviert worden sein mag, gewesen sein, wenn die Eltern nach der Erfüllung des Kinderwunsches das Kind zunächst einmal bis zu zwei Jahren zu einer Amme gaben?!

Hat nicht de La Roncière selbst diese Zweifel artikuliert, obwohl ihm nichts ferner liegt als dies? Der Leser möge selbst entscheiden, wenn er noch einmal das oben gebrachte Zitat von de La Roncière zu Abb. 6 liest:

"Vom Vorbild der hl. Anna, der hl. Elisabeth und der Jungfrau Maria inspiriert und von der weiblichen Umgebung unterstützt, entwickelte sich die Mutterliebe spontan wie hier, wenngleich sie sich mitunter eine Weile gedulden mußte, bis das Kind von seiner Nähramme zurückkam" (La Roncière 1990, S. 219).

5. "Anna - Maria"; "Maria - Jesus"

Zurück zu den abgebildeten Darstellungen der Mariengeburt. Hier fällt ein Charakteristikum der christlichen Kunst auf, das zu neuen Überlegungen Anlaß gibt, inwiefern sich in diesen Bildern der religiösen Kunst soziale Wirklichkeit spiegelt und diese Kunst auch Einfluß auf die Menschen und ihre Motivationen damals gehabt hat - oder ob es sich hier möglicherweise überwiegend doch nur um sozial enthobene rein religiös zu verstehende mehr oder weniger kultische Artefakte handelte. Dieses auffällige Charakteristikum besteht darin, daß der Bildtypus "Mariengeburt" innerhalb des Zyklus "Marienleben" in etwa immer der gleiche bleibt: Mutter Anna liegt im Wochenbett und einige andere Frauen sind mit der Versorgung des Kindes beschäftigt (Abb. 6, 9, 11). Die Mutter-Kind-Beziehung wird nie als Szene "Mutter stillt ihre Tochter" dargestellt. Dies ist insofern besonders auffällig, als es in der Urgeschichte des Marienlebens, im Protevangelium des Jacobus, heißt:

Abb. 9

Geburt Mariae, um 1460/65
Meister des Marienlebens

Abb. 10

Die "Erziehung" der Maria; 1420
(Bookmann 1987, S. 328)

Abb. 11

Geburt Mariens
Schwäbischer Meister, 1489

"Sie gab dem Kind die Brust und nannte es Maria." (Weidinger 1991, S. 277).

Aber bei diesem bloßen Bericht bleibt es nicht nur, sondern Anna ruft in ihrem höchsten Glücksgefühl darüber, daß Gott ihren Kinderwunsch erfüllt hat, aus:

"Ich will singen einen Lobgesang dem Herrn, meinem Gott; weil er mich gnädig angesehen und von mir den Schimpf vor meinen Feinden genommen hat. Er hat mir eine Frucht der Gerechtigkeit gegeben, einzig in ihrer Art und überschwenglich reich. Wer wird den Söhnen Rubens verkünden, daß Anna säugt?" (ebenda S. 277, Hervorhebung von mir, F.N.).

Wenn Anna als die "Mutter der Muttergottes" Vorbild für die Menschen im christlichen Abendland sein sollte und auch war, warum, so könnte man fragen, wurde sie dann nicht, entsprechend ihrem eigenen Stolz, auch als "Anna lactans", als nährende Anna, die dem Kind Maria die Brust gibt, dargestellt? So wie dann Maria selbst im 14., 15. und 16. Jahrhundert als "Maria lactans", die dem Jesuskind die Brust gibt, dargestellt wurde (Abb. 12). Und zwar, obwohl in diesem Fall in den schriftlichen Urquellen, in den Evangelien des Neuen Testaments, überhaupt nicht davon die Rede ist, daß Maria dem Jesuskind die Brust gibt.

Hätte man nicht erwarten können, daß gerade Anna als stillende Mutter dargestellt wurde? Heißt es doch bei Jutta Ströter-Bender:

"Die Geburt Mariens nimmt in den großen Bildfolgen der Marienlegenden des abendländischen Mittelalters (bis zu sechzehn Szenen) einen wichtigen Stellenwert ein. Die heilige Anna ruht meist, einer Königin gleich, auf einen riesigen altarähnlichen Bett. Fröhliche Helferinnen und Verwandte baden das Marienkind. Es ist eine Fruchtbarkeitsszene voller elementarer Kraft, wobei auf den byzantinischen Ikonen das feurige Rot des Mantels, der die heilige Anna umhüllt, in seiner Symbolik das Geburtsereignis und die Mutterliebe der Wöchnerin noch betont. Im Gegensatz zu den kontemplativen, eher stillen Geburtsszenen von Jesus (mit seiner jungfräulichen Mutter) wird die Geburt Mariens zu einem Triumph der Weiblichkeit, der Fähigkeit, zu gebären und damit der Welt Rettung zu schenken." (Ströter-Bender 1992, S. 56).

Ströter-Bender bringt zwar die Abbildung eines von ihr selbst "nach einem Freskofragment in Lakonien aus dem 14./15. Jahrhundert" (S. 57) angefertigten Bildes mit dem Thema "Die heilige Anna stillt Maria, Jungfrauen tanzen dazu" (Abb. 13), spricht aber von einer wirklich "verbreiteten Bildform" (S. 56) nur bei der "Maria lactans". Und es fällt ja auch auf, daß die Autorin, um überhaupt eine Abbildung einer "stillenden Anna" bringen zu können, zu einer selbst angefertigten Skizze greifen muß, einer Skizze eines offenbar sehr seltenen Originals. Dies entspricht auch meiner

Abb. 12

Der heilige Lukas zeichnet die Madonna
Rogier van der Weyden um 1435/40

Abb. 13

"Die heilige Anna stillt Maria, Jungfrauen tanzen dazu"
Zeichnung: Jutta Ströter-Bender nach einem Freskofragment
in Lakonien aus dem 14./15. Jh.

Erfahrung, daß ich trotz jahrelanger Museumsbesuche noch nie auf dieses Thema gestoßen bin. Wohingegen der Bildtypus "Maria lactans" in jedem Museum mit alter Kunst zu finden ist.

Heinrich und Margarethe Schmidt (1989[4]), die sich ausführlich mit Anna und dem Leben ihrer Tochter Maria in der bildenden Kunst beschäftigen, fällt das Fehlen eines Bildtypus "Anna lactans" nicht auf. Sie merken zwar, daß nach dem Protevangelium des Jacobus Anna "ihr Kind stillt" (Schmidt 1989[4], S. 207), bemerken dann, daß wir in der Malerei der Geschichte von Mariä Geburt "im späten Mittelalter die lebendige Schilderung einer bürgerlichen Wochenstube verdanken" (S. 207), fügen weiterhin hinzu, daß in diesem Bildtypus "nichts vergessen ist" (S. 207): "weder das Süpplein für die Wöchnerin, noch der Besuch der Nachbarin, noch das Herrichten des Bades für das neugeborene Kind" (S. 207) - registrieren aber nicht, daß das Wichtigste, eben das Stillen, auf dem Bild fehlt. Sie beziehen sich auf das ganz bestimmte Bild "Meister des Marienlebens, Geburt Mariä; um 1460/65", das heute in der Alten Pinakothek zu sehen ist (Abb. 9). Auf allen anderen Exemplaren dieses Bildtypus (s. auch Abb. 6 und 11) fehlt das Stillen ebenfalls. Hier ist anzumerken, daß Historiker und Kunsthistoriker immer dann, wenn sie in die sakrale Malerei mögliche Wiederspiegelungen der damaligen zeitgenössischen sozialen Wirklichkeit eindringen sehen, in eine Art Entzücken ausbrechen, eben nach etwa dem Motto: wie dankbar können wir Heutigen sein, daß uns so ein Bild der damaligen sozialen Wirklichkeit überliefert wurde! Gewiß; aber sie tendieren dabei dazu, diese Wirklichkeit zu verschönern. Wenn es hier heißt: "Nichts ist vergessen: weder das Süpplein für die Wöchnerin, noch der Besuch der Nachbarin, noch das Herrichten des Bades für das neugeborene Kind", so wird hier quasi die Idealisierung des Bildes selbst übernommen. Diese enthält, psychohistorisch gesprochen, eine Art Hochgestimmtheit der Geburtsszene bzw. eigentlich einer artifiziell fingierten Nachgeburtsszene. Von den zahlreichen ganz anders gestimmten Geburtsberichten aus christlicher Vergangenheit ist hier nichts mehr "geschildert" (vgl. U. Ottmüller 1991, Shahar 1991, Rutschky 1983). In diesen Berichten kommt eher das zum Vorschein, was Delumeau (1985) die "Angst im Abendland" genannt hat. Das Umgeben der Geburt und des "Wochenbetts" mit zahlreichen Vorstellungen von Unreinheit und dementsprechend notwendigen rituellen Reinigungen, vor deren Stattfinden die Frau quasi sozial ausgegrenzt ist, nur mit ausgewählten Personen in Berührung treten darf, den "heiligen" Raum des "Gotteshauses" nicht betreten darf, von dem Empfang der Sakramente ausgeschlossen ist, all das läßt uns psychohistorisch auch eine andere soziale Wirklichkeit erahnen als jene der von Heinrich und Margarethe Schmidt dargestellten Idealität der "bürgerlichen Wochenstube". Nicht daß ich diese Darstellung "widerlegen" möchte. Gehen wir von der zu Beginn dieser

Arbeit im Anschluß an Bowlby und Gambaroff dargestellten Prämisse eines natürlichen Kinderwunsches aus, so wird niemand auch für die christliche Vergangenheit
die prinzipielle Möglichkeit jener Hochgestimmtheit in Frage stellen wollen. Es muß
jedoch nach den psychohistorischen Bedingungen für die Aktualisierung dieser Möglichkeit gefragt werden. Und darum geht es in den angeführten keineswegs so
hochgestimmten Geburtsdarstellungen aus christlicher Vergangenheit bei Shahar,
Ottmüller und Rutschky. Sie zeigen auf, wie stark durch christliche Vorstellungen
eine solche Aktualisierung behindert wurde.

Wenn man in Rechnung stellt, daß in der christlichen Kunst die verschiedenen
Bildthemen und -typen immer einer strengen kirchlich-institutionellen Kontrolle
unterworfen waren, dann muß man hinter der aufgezeigten Auffälligkeit des Fehlens
eines Bildtyps "Anna lactans" eine Art programmatischen Sinn vermuten. Dieser
könnte folgender sein: der Kirche ging es bei der Aufstellung ihres Bildprogramms,
bei Erlaubnis oder Verbot dessen, was dargestellt werden konnte, gar nicht um die
sinnlich gezeigten Szenen, sondern allein um den jeweils unterlegten theologischen
Gehalt. Unter diesem Aspekt erscheint dann die stillende Muttergottes gar nicht oder
zumindest nicht primär als irdische Frau und Mutter, die in der Szene einer biologisch
zu verstehenden Nahrungsgabe an das eigene Kind dargestellt wird, sondern die
symbolisch zu verstehen ist als die geistige Ernährerin der Menschen (Kirche), als
welche sie von der christlichen Theologie aufgefaßt wurde (vgl. dazu Schmidt 1989[4],
S. 211/212). Demgegenüber scheint der symbolisch-theologische Gehalt der mütterlichen Funktionen von Anna viel geringer gewesen zu sein; zugleich aber gerade
deshalb auch der Charakter der bildlichen Darstellung in viel höherem Maße eine
Wiederspiegelung des tatsächlichen sozialen Lebens - und dementsprechend ohne das
Motiv der stillenden Anna. Die soziale Realität der Wochenstube wird zum Bildtypus
(natürlich stilisiert und idealisiert) - so wie die Kinder tatsächlich hier geboren
wurden; da sie nicht anschließend von der Mutter gestillt wurden, tatsächlich nicht
gestillt wurden, kann auch kein Bildtypus "stillende Anna" entstehen. Die Beziehung
Anna - Maria taucht dann erst wieder auf, wenn Maria im erziehungsfähigen Alter ist.
Die wohl häufigste Darstellungsform zeigt, wie Anna Maria unterrichtet und diese
sich als verständige Schülerin erweist (Abb. 14).

Man kann aus all dem auch die Vermutung ableiten, daß der Kinderwunsch ge-
schlechtspezifisch differenziert war, dergestalt, daß der auf ein Mädchen gerichtete
Kinderwunsch am ehesten sozusagen das Säuglingsalter übersprang und gleich zum
sittsamen älteren Mädchen überging, mit der Folge, daß Mädchen weniger gestillt
wurden als Jungen. Wenn auch die Darstellung "Maria lactans" theologisch gar nicht

Abb. 14

"Mutter Anna mit der Jungfrau Maria",
Bartolomé Esteban Murillo, um 1665-75
Museo del Prado, Madrid

als irdische Stillsituation verstanden worden sein mag, eine weltliche Bedeutung muß es aber fraglos gehabt haben, daß in der bildnerisch sehr verbreiteten Stillsituation, eben der zwischen Maria und dem Jesuskind, ein männlicher Säugling in den Genuß des Gestilltwerdens durch die eigene Mutter gelangte. Es muß soziale Gründe und Folgen gehabt haben, daß die Menschen ständig mit einer Bilderwelt "Mutter stillt ihren Sohn" und kaum mit einer Bilderwelt "Mutter stillt ihre Tochter" umgeben waren. Umgekehrt waren sie mit einer Bilderwelt "Mutter erzieht ihre Tochter", aber nicht mit einer Bilderwelt "Mutter erzieht ihren Sohn" umgeben.

Und wenn es bei H. und M. Schmidt (1989[4], S. 200) abermals hinsichtlich des Eindringens real-diesseitiger sozialer Lebenselemente in eine bislang fast ausschließlich sakrale Thematik heißt: "Maria wird mehr und mehr zur Bürgersfrau, die nicht nur in einer Bürgerstube geboren wird, sondern auch in ihr wohnt, dort für ihr Kind lebt und schließlich wie eine verehrte Zeitgenossin stirbt" (dann ist hier festzuhalten, daß dies "Leben für ihr Kind" im Sinne von "Stillen des Kindes" ein "Leben für ihren Sohn" ist und daß wir in der christlichen Malerei kein entsprechendes Äquivalent für eine Mutter-Tochter-Beziehung mit diesem Charakter der Zugewandtheit finden.

Gibt es, wovon ich mit Bowlby und Gambaroff (siehe oben) ausgehe, einen biologisch verankerten Kinderwunsch, dann wird man zumindest sagen können, daß dieser - hier vermittelt durch die christliche Malerei - durch die historischen Aktualisierungsbedingungen eher auf männliche Säuglinge hin kanalisiert wurde. Verknüpft man diese Aussage mit den allgemeinen Erkenntnissen heutiger feministisch orientierter Forscherinnen zur Problematik der Mutter-Tochter- und Mutter-Sohn-Beziehung, so ergibt sich eine Übereinstimmung: so betonen etwa Nancy Chodorow (1985) und Christiane Olivier (1989) immer wieder, daß Mütter tendenziell Söhne im frühesten Kindesalter zum Objekt (im psychoanalytischen Sinne) ihres Begehrens wählen, nicht aber Töchter; zu diesen bildet sich dann aber gleichwohl im späteren Alter bis hin zu lebenslanger Dauer eine spezifische Mutter-Tochter-"Verbundenheit" (Chodorow) heraus, während Jungen der Tendenz nach frühzeitig in eine - "männliche" - Autonomie entlassen werden. Man kann begründet behaupten, daß die christliche Ikonographie um die beiden Themenkomplexe "Anna-Maria" und "Maria-Jesus" herum weitgehend diesem Muster entspricht.

Nun fällt aber hinsichtlich des Kinderwunsches eine weitere Besonderheit in der christlichen Kunst auf, die zunächst widersprüchlich erscheint: wenn durch die christliche Kunst ein Kinderwunsch in Mädchen und Frauen geweckt oder verstärkt werden kann, dann eher durch den Themenkomplex "Anna-Maria", insbesondere durch den Bildtypus "Mariengeburt". Dies ergibt sich wenigstens, wenn man von der bildlichen Darstellung der Mariengeburt und La Roncières Deutung dazu ausgeht oder von Ströter-Benders Interpretation der bildlichen Darstellungen der Mariengeburt als Fruchtbarkeitssymbolik. Dieser Themenkomplex ist jedoch, wie wir gerade gesehen haben, von der Komponente des Stillens "gereinigt", jener Komponente also, die doch andererseits als Indikator eines auf männliche Säuglinge gerichteten Kinderwunsches von Mädchen und Frauen angesehen werden kann.

Nach meiner Einschätzung ist dies so zu verstehen: die eigentlich erzieherische Funktion für Mädchen und Frauen sollte der Themenkomplex "Anna-Maria" erfüllen. Es schlägt hier aber der weiter oben anhand der Analysen von Uta Ranke-Heinemann aufgezeigte christliche Sexualpessimismus durch, indem hier alles auf Tugend und Erziehung hin und weg von jeder möglicherweise sinnlichen Komponente abgestellt wird. Diese sinnliche Komponente kommt dann aber doch, entsprechend der latenten Sehnsucht jener Männer, die ja diese Bildprogramme allein bestimmen, wieder zum Vorschein, wenn auch jetzt eine theologische Stufe höher, in der Darstellung der Mutter Maria, die dem "Gottessohn" (also auch den Ihm Nächsten: den Klerikern) die Brust reicht. Man kann dies auch so ausdrücken: es hat den Anschein, daß Mädchen und Frauen durch die christliche Ikonographie zur Tugend des eigenen Geschlechts und zum Ernähren des anderen Geschlechts motiviert werden sollten. Sie durften sich den hungrigen Sohn wünschen" wenn aber auch ein Mädchen, dann ein stilles, ein bereits "Gestilltes".

Daß dieses besondere Erzieherische im Verhältnis Mutter-Tochter mitunter auch schon im Säuglingsalter in Erscheinung treten konnte, macht folgende interessante, aber wohl seltene Variante von "Säuglingsforschung" anschaulich, die Annas Gehilfinnen mit der gerade zur Welt gekommenen Maria veranstalten (Abb. 10).

Dazu Bookmanns Erläuterung:

> "Gezeigt wird die Wochenstube mit der heiligen Anna im Hintergrund, die sich von einer Jungfrau bei der Reinigung helfen läßt. Das Zimmer wird von einem weiteren Mädchen betreten, das eine Speise hereinträgt. Im Vordergrund zwei weitere Jungfrauen, welche vielleicht prüfen, ob das neugeborene Kind bereits auf optische Reize reagiert. In der linken Hälfte Joachim (wie es heißen muß und nicht, wie irrtümlicherweise bei Bookmann: "Joseph", F.N.) und zwei Männer. Der Maler deutet an, daß die Wochenstube ein Reservat der Frauen ist." (Bookmann, S. 329).

Eine solche Art "Säuglingsforschung" auch von Maria oder ihrer Umgebung aus hin zu ihrem Sohn ist mir in der sakralen Kunst nicht begegnet. Zwar finden wir hier auch irdische Beziehungselemente, eben die des Nährens, aber auch solche des Spielerischen (Abb. 15); jedoch von etwas Erzieherischem kann hier kaum jemals die Rede sein. Statt dessen herrscht durchweg das Moment der Anbetung von der Mutter zum Sohn hin vor (Abb. 16), mehr oder weniger indirekt auch in den Darstellungen, die das Nähren oder das Spielen mit enthalten (Abb. 17).

6. Behinderung des Kinderwunsches in christlicher Umgebung und gegen wirkende Tendenzen

Die Problematik des Stillens oder Nichtstillens von Neugeborenen ist Bestandteil eines allgemeineren Komplexes, der die Forscher auf dem Gebiet der Geschichte der Kindheit beschäftigt. Dieser allgemeinere Komplex kann bezeichnet werden mit den Stichworten Gewährung oder Verweigerung seitens der Erwachsenen gegenüber den Bedürfnissen des Kindes. Nichtstillen ist eine Verweigerung gegenüber einem kindlichen Bedürfnis, wenn keine äquivalente Alternative gesucht wird.

In der psychogenetischen Theorie zur Geschichte der Kindheit hat Lloyd de Mause eine Reihe weiterer Elemente dieses allgemeineren Komplexes anhand der Phänomene Schlagen, sexueller Mißbrauch von Kindern, Erschrecken von Kindern, Verkauf von Kindern, etc. (siehe Nyssen 1984) aufgezeigt. Als die extremste Form einer Verweigerung Erwachsener gegenüber kindlichen Bedürfnissen erscheint dabei der Kindesmord. In Lloyd de Mause' Analyse dieses Phänomens ist, obwohl de Mause sich nicht explizit mit der Problematik des Kinderwunsches in der Geschichte befaßt, dennoch implizit eine These zur Unerwünschtheitsproblematik enthalten. Er erörtert die Wirkung von Kindesmord auf die am Leben gebliebenen Kinder. Diese, so nimmt de Mause an, sind psychisch sehr stark mit diesem Phänomen, also dem Kindesmord, beschäftigt. Denn, so de Mause, der Kindesmord wurde ihnen allzu häufig vor Augen geführt. Als Beispiel führt er eine Quelle an, in der Louis Adamic von seiner Kindheitserfahrung spricht, wie er der " 'Mörderamme', die ihn gestillt hatte, zusah, wie sie dem Säugling an ihrer Brust zuflüsterte, sie werde ihn heute nacht erdrosseln." (de Mause 1989, S. 79). De Mause stellt nicht die Frage, wie verbreitet solche Erlebnisse "der am Leben gebliebenen Kinder" gewesen sind, bzw. er unterstellt quasi unbefragt eine Art ubiquitärer Verbreitung solcher Erlebnisse. Tatsächlich können wir relativ wenig darüber wissen. Jedoch fehlt es nicht an immer wieder

Abb. 15

Maria mit dem Kinde, um 1435
Masolino da Panicale
Alte Pinakothek, München

Abb. 16

Anbetung des Kindes durch Maria (Geburt Christi), 1445
Stefan Lochner, Alte Pinakothek, München

Abb. 17

Maria mit dem Kinde, 1495/98
Luca Signorelli, Alte Pinakothek, München

auftauchenden Hinweisen, daß derartige Erlebnisse vorhanden gewesen sein müssen und eine besondere psychische Auswirkung auch auf den Kinderwunsch der Betroffenen gehabt haben können.

Die in den Abb. 6, 9 und 11 gezeigte Mariengeburt, von der wir - trotz aller Widersprüchlichkeit des christlichen Denkens - tendenziell, im Anschluß an La Roncière und Ströter-Bender, auch eine positive Motivierung zum Kinderwunsch angenommen haben, "spielt" im 15. Jahrhundert. Nun kann man sich tatsächlich fragen, ob ein derartiger Kinderwunsch nicht stark in Mitleidenschaft gezogen wurde bei jenen Kindern, die z.b. der Hinrichtung ganzer Familien einschließlich deren Kindern beiwohnten. Folgende Abbildung zeigt etwa eine derartige Form des durch das damalige Rechtswesen sanktionierten Kindesmordes (Abb. 18). Hier wurde eine ganze Familie wegen eines "Hostienfrevels" eines erwachsenen Familienmitglieds verbrannt. Wir können heute nicht genau wissen, wie die Wahrnehmung solcher Ereignisse damals von zuschauenden Kindern - und daß Kinder bei solchen Strafvollzügen mit zuschauten, ist mehrfach bezeugt - verarbeitet wurde. Daß sie aber in irgendeiner Form Angst machten und eigene spätere Familiengründungen als etwas Prekäres, zumindest als etwas, das nur in strikter sozialer Anpassung lebbar war, erscheinen lassen mußte, ist plausibel. Und daß dadurch ein genuiner Kinderwunsch beeinträchtigt werden konnte, erscheint mir ebenfalls nahezuliegen. Dabei ist zu berücksichtigen, daß ein derartiges Erlebnis zusammenwirken konnte mit möglichen Erlebnissen von der Art wie de Mause sie schildert, etwa mit dem Erlebnis eines beabsichtigten Kindesmords durch eine Amme.

Indem de Mause sich in diese Kinder hineinzuversetzen versucht, kommt er zu der These, daß die "Überlebenden" angesichts dieser Erlebnisse von ihrer eigenen "totalen Unerwünschtheit" (de Mause 1989, S. 70) ausgehen mußten. Das Kind verleugnet "energisch das Wissen vom Todeswunsch der Eltern (und, wie wir im Zusammenhang der erwähnten Hinrichtung einer Familie einschließlich des Kindes hinzufügen können: vom Todeswunsch der herrschenden weltlichen und kirchlichen Rechtsverwalter und Vollstrecker, F.N.) und zieht es vor, das Schlimmste von sich zu glauben, bevor es sich seine oder ihre totale Unerwünschtheit eingesteht." (ebenda S. 70).

Weiterhin nimmt er Erziehungspraktiken als gegeben an, die etwa durch folgende Verbaläußerungen gegen unbotmäßige Kinder geeignet sind, diese im Kontext der angeschauten Hinrichtung einzuschüchtern und in ihrer Selbstanklage zu verstärken: "Weißt du, ich hätte dich umbringen können." (ebenda S. 79). Derartige Einschüchterungen seien eben durch den überall sichtbaren Kindesmord - für die Eltern - erlaubt und - beim Kind - auch tatsächlich wirksam gewesen.

Abb. 18

Ausschnitt aus: Wunder der entweihten Hostie, Paolo Uccello
Ehemalige Predella mit sechs Altarbildern des Justus von Gent
in der Kirche Corpus Domini in Urbino,
Galleria Nazionale delle Marche, Urbino

Wenn diese Verhältnisse allgemein gewesen sein sollten, so wäre ein positiver Kinderwunsch bei den Überlebenden sicher kaum vorstellbar. Führt man sich die zur Zeit der Hexenprozesse etwa in den Städten Würzburg und Reutlingen, denen auch Kinder zum Opfer fielen, herrschende Atmosphäre vor Augen, so ist auch hier die Möglichkeit sozusagen des Überlebens eines Kinderwunsches nur noch schwer vorstellbar (Hartwig Weber 1991). Jedoch eine umfassendere raum-zeitliche Allgemeinheit solcher Demontage des Kinderwunsches ist nicht zu beweisen und es erscheint fragwürdig, wenn de Mause behauptet, daß die Kinder quasi ubiquitär "wußten... daß man ihre Geschwister durch Mord und Vernachlässigung zu Millionen tötete." (de Mause 1989, S. 79).

Wie folgendes Zitat von Morelli aus etwa der gleichen Zeit wie die eben erwähnte Hinrichtung zeigt, hat es auch gegenteilige Fälle gegeben:

"Ich erinnere mich, wann - zu welcher genauen Stunde und in welchem Augenblick - , wo und wie er von mir gezeugt worden war und welch große Freude es mir und seiner Mutter bereitete. Und alsbald regte er sich im Mutterleib; aufmerksam erfühlte ich seine Bewegungen mit meiner Hand und erwartete voller Ungeduld seine Geburt. Und welche Freude, welches Glück erlebte ich, da er geboren wurde, männlichen Geschlechts, gesund und wohlgestaltet. Als er heranwuchs und sich fortentwickelte, war große Zufriedenheit, große Lust in seinen Worten. Allen gefiel dies, und seine Liebe richtete er auf mich, seinen Vater, und seine Mutter." (Ross 1978, S. 263)

Hier ist wohl kaum zu bezweifeln, daß diese Eltern einen positiven Kinderwunsch hegten, welche Erlebnisse auch immer sie vorher gehabt haben mögen, und daß das aus diesem gemeinsamen genuinen Kinderwunsch hervorgegangene Kind dann einen Gewinn hatte und ihm eine positive Entwicklung ermöglicht wurde.

Vielleicht kommt es der damaligen Wirklichkeit am nächsten, wenn man annimmt, daß für zahlreiche Kinder tatsächlich jene "lebensbedrohliche Atmosphäre" existierte, von der de Mause spricht (de Mause 1989, S. 79), daß sie jedoch nicht gänzlich unentrinnbar war und daß es auch gegenteilige Einflüsse gab, die den Kinderwunsch lebendig erhalten konnten.

Eines scheint mir jedoch aus all dem deutlich zu werden: daß nämlich jenes in unserer Tradition verankerte Bild vom kraftstrotzenden, hyperkreativen, dem Leben allseitig zugewandten "Menschen der Renaissance" in dieser psychohistorischen Betrachtung einige Einschränkungen erfährt und wir möglicherweise nicht generell davon ausgehen können, daß die damalige Menschheit sich selbst so unzweideutig erwünscht war wie der Glanz ihrer wissenschaftlich-künstlerischen Neuerungen - ein Glanz freilich, der durch Laudationes nachfolgender Historiker immer wieder neu verstärkt wurde - uns zu suggerieren scheint.

Umgekehrt müssen wir aber auch erkennen, daß in der Geschichte sogar dort, wo nur Unerwünschtheit von Kindern zu erwarten ist, also der Einfluß der Religion dem Kinderwunsch explizit und aggressiv zuwiderläuft wie etwa bei den Katharern, "die alle Zeugung verwarfen" (U. Ranke-Heinemann 1989, S. 309/310), daß sogar dort der genuine Kinderwunsch sich auch "gegen den Strom" (vgl. Nyssen 1989, S. 91) behaupten kann und die Menschen nicht so misanthropisch zu machen sind wie es die Religion der Katharer erheischte. Shulamith Shahar hebt hervor, daß die "Sekte" der Katharer, die von der katholischen Inquisition im 14. Jahrhundert verfolgt wurde, in der uneingeschränkten expliziten Ablehnung der Zeugung und damit des Kinder-wunsches auch im Zusammenhang der ohnehin schon negativ sexualpessimistisch gestimmten allgemeinen christlichen Religion sozusagen einen Rekord darstellt:

> "Im Hochmittelalter war die Sekte der Katharer die einzige, die für strenge Askese eintrat und sexuelle Beziehungen und Kinder eindeutig ablehnte." (Shahar 1991, S. 13).

Dennoch können wir uns in Le Roy Laduries Nachzeichnung der Inquisitionsprozesse gegen die Katharer von der Resistenz insbesondere der Frauen der Katharer gegen das Fortpflanzungsverbot überzeugen. Von jenen Frauen, die unter Strafandrohung gegen den Willen der katharischen Priester ihre Kinder stillten, darf man wohl annehmen, daß ihnen ihre Kinder erwünscht waren, daß sie nur massiv daran gehindert wurden, alle Konsequenzen dieses Wunsches offen zu entfalten.

> "Das kranke Kind war unter dem entsprechenden Ritual einer Art Seligsprechung unterworfen worden, die dafür garantierte, daß 'sie ein Engel Gottes sein würde' (Le Roy Ladurie 1983, S. 233). Jedoch galt dies nur unter der strikten Voraus-setzung, daß das Kind 'zukünftig nur noch Fisch und Gemüse zu sich nehmen' dürfe. Le Roy Ladurie berichtet dann weiter:
>
> 'Das kam, bedenkt man das Alter der Kleinen, bei den damaligen Verhältnissen praktisch einem Todesurteil gleich. Der Säugling, der noch ganz auf die Mutter-milch angewiesen war, wäre bei Einhaltung dieser Vorschrift, wenn aus keinem anderen Grunde, schnell an Entkräftung gestorben, durch 'endura', katharisch ausgedrückt, zu deutsch: verhungert. Die Mutter begriff das sofort, und da sie ihre Tochter mit weniger spiritueller und sublimer als vielmehr instinktiver, sinnlicher Liebe liebte, war ihr die Gewißheit, Jacotte im Falle dieses Endes dem Paradies bestimmt zu wissen, nicht so viel wert wie die Hoffnung, dieses Ende vielleicht - und zwar um den Preis dieser Gewißheit - verzögern, aufschieben zu können. 'Als mein Mann und Tavernier aus dem Haus waren, konnte ich es nicht länger aushalten. Ich konnte doch meine Tochter nicht einfach sterben lassen. So

legte ich sie an die Brust. Als mein Mann nach Hause kam, erzählte ich ihm, daß ich meine Tochter genährt hatte. Er war sehr betrübt und besorgt und klagte viel deswegen. Pierre Maury, (der damals Raymond Pierres Schäfer war), sucht den Herrn zu trösten: 'Es ist doch nicht Eure Schuld', sagte er. Und Pierre sagte zu dem Kind: 'Du hast eine böse Mutter.' Und zu mir sagte er: 'Du bist eine böse Mutter. Die Frauen sind Teufel'. Dabei weinte mein Mann und beschimpfte mich. Bedrohte mich auch. Von diesem Augenblick an liebte ... er die Kleine nicht mehr; und auch mich liebte er nicht mehr ... für lange Zeit, bis er endlich seinen Irrtum erkannte. Meine Tochter lebte noch ein Jahr nach diesem Tag. Dann starb sie.' (Le Roy Ladûrie 1983, S. 234)." (Nyssen 1989, S. 92).

7. Bezug der Problematik zu heute

Daß auch außerhalb des jahrhundertelang wirksamen religiösen Eiferertums eine Vorstellung von "Kinderwunsch ohne sexuelle Lust" entstehen kann, davon legen heute geführte Diskussionen über den Kinderwunsch von Frauen Zeugnis ab, die trotz ihrer Ablehnung der Männer ein Kind haben möchten und zu diesem Zweck nur einmaligen Verkehr mit einem Mann, der dann aus ihrem und des Kindes Leben verschwinden muß, anstreben. Oder eine noch weiter von vollzogener lustvoller Sexualität entfernte Möglichkeit, zum Kind zu kommen: in-vitro-Fertilisation mit dem Samen eines unbekannten Mannes. Und noch weitere Verfahren, die eine Frau-Mann-Beziehung ausschließen. So wie die im Rahmen einer sexuellen Beziehung zwischen Mann und Frau stattfindende Zeugung und Austragung eines Kindes keine Garantie für eine nachgeburtliche empathische Begleitung des Kindes durch die Eltern sein muß, so ist umgekehrt nicht ausgeschlossen, daß eine "beziehungsfreie" Kindeszeugung seitens der Mutter eben jene empathische Begleitung zur Folge haben kann, ja, möglicherweise hier sogar schon vor der Befruchtung eine "Empathie im Kinderwunsch" vorhanden sein kann, von der das Kind dann später, während und nach der Schwangerschaft, profitieren kann (zum Begriff der "Empathie im Kinderwunsch" siehe die Arbeit "Am Anfang war der Kinderwunsch"). Können wir von daher nicht auch annehmen, daß auch in der Vergangenheit Eltern, wenn auch diesmal religiös, d.h. aus einem Interesse an einem "sündenfreien Leben" motiviert, zu einer empathischen Begleitung oder sogar schon zu einer "Empathie im Kinderwunsch" befähigt gewesen sein können?

In der Literatur über die christliche Vergangenheit finden wir oft Formulierungen wie "gottgefälliges Leben", "heiligmäßiges Leben", etc. Diese Begriffe bezeichnen Ideale der Lebensführung im christlichen Abendland. Selbstverständlich können wir nicht ausschließen, daß Menschen, die solchen Idealen nahezukommen trachteten, unter anderem auch durch den oben dargestellten Versuch, "Kinder ohne Sünde zu haben", durch ihren Glauben eine psychische Energie aufbrachten, die sie zu Empathie befähigte. Betrachten wir andererseits die überall in der Geschichte des christlichen Abendlandes sichtbar gewordenen verheerenden Auswirkungen der sexualpessimistischen Verleugnung und Ablehnung von Lust - und eine solche Verleugnung und Ablehnung muß ja von jenen Eltern auf jeden Fall geleistet werden - so ist wohl Skepsis gegenüber der Annahme einer solchen Möglichkeit angebracht und es ist eher zu vermuten, daß hier die von Schmiedbauer (1980) analysierte "Destruktivität von Idealen" zur Geltung gekommen ist.

Man kann es, bei allen neuen Belastungen, die die "Moderne" für die Menschen mit sich bringt, aber dennoch als Gewinn gegenüber dem vorausgegangenen "religiösen Zeitalter" ansehen, daß sie "Ein-Eltern-Kinderwünsche", also auch von sexueller Lust mehr oder weniger abgekoppelte Kinderwünsche, zu realisieren vermag, ohne gleichzeitig in einen prinzipiellen religiös motivierten antisexuellen Selbstzwang verfallen zu müssen.

Von einer historischen Hypothek belastet bleiben allerdings meines Erachtens auch diese Ein-Eltern-Kinderwünsche. Es hat den Anschein, daß die oben erwähnte Ablehnung eines von Frau und Mann gemeinsam getragenen Kinderwunsches ihre Wurzeln letztlich doch auch in jenem christlichen Sexualpessimismus hat, der heute weitgehend, wenn auch nicht ganz, wie sich immer noch in päpstlichen Enzykliken (z.B. in der neuesten: "veritatis splendor" = "Glanz der Wahrheit") zeigt, überwunden zu sein scheint.

Interessant ist hier der in der feministischen Literatur immer wieder hervorgehobene "Mangel eines weiblichen Begehrens" (J. Benjamin 1990, S. 85 ff.), der ebenfalls mit im Spiel sein kann in der Ablehnung eines gemeinsamen Kinderwunsches zwischen Frau und Mann. Will man für einen solchen angeblichen Mangel nicht jene von Freud (1905) zur Erklärung herangezogene "Anatomie" der weiblichen Geschlechtsorgane heranziehen, die auf vermeintlich natürliche Weise das sexuelle Begehren der Frau gegenüber dem des Mannes geringer erscheinen läßt, dann erscheint der Jahrtausende wirksame christliche Sexualpessimismus, der Frauen zuallererst jede Lust verbot, wesentlich erklärungskräftiger.

Man könnte auch so formulieren: wer Uta Ranke-Heinemanns realhistorische Analyse zu Sexualität und Katholizismus gelesen hat, wird kaum noch zu Freuds Spekulationen greifen müssen, um jenes feministisch selbst-diagnostizierte "mangelnde Begehren" von Frauen verstehen zu können.

Jedoch: enthält nicht aber schon diese Annahme einer gleichsam exclusiv weiblichen Sexualproblematik eine falsche Einschätzung der real existierenden Sexualität beider Geschlechter?

Heute sind wir auch informiert darüber, daß das Begehren der Männer ebenfalls gestört sein kann. Vier Millionen sogenannte "impotente" Männer in der Bundesrepublik Deutschland (vgl. "Focus" Nr. 31, 8, 1993, S. 81) - legt diese Zahl nicht nahe, jenes "mangelnde Begehren" weniger einseitig der weiblichen Seite zuzuschreiben? Und liegt es da nicht weiterhin nahe, eine für die Störungen beider Geschlechter gemeinsame Erklärung hinzuzuziehen, nämlich die Hypothek des christlichen Sexualpessimismus mit all seinen psychohistorischen Spätfolgen?!

Dieser Sexualpessimismus hat in seinen Folgewirkungen den gemeinsamen Kinderwunsch von Frau und Mann als die Form des Kinderwunsches behindert, die meines Erachtens die größere Chance auf eine Selbstregulation der Abfolge: Geschlechterverhältnis - Kinderwunsch - pränatale Phase - perinatale Phase - Säuglingsalter - Kindheit, in sich birgt.

In einer Verbesserung der Zwischenmenschlichkeit zwischen Frau und Mann liegt letztlich die Hauptchance zu einer Verbesserung jener Kriterien für die Entwicklung des Kindes, die zu Beginn dieser Arbeit genannt wurden: Individuation und Beziehungsfähigkeit.

Diese Verbesserung der kindlichen Entwicklung durch eine Verbesserung des Geschlechterverhältnisses geschieht über eine in dieser implizierten Verbesserung der Möglichkeit "zweiter Angstbearbeitung" auf Seiten der Eltern (Nyssen 1991, S. 73 ff.). Diese schon im allerfrühesten Stadium der Entstehung eines Kindes, nämlich auf der Ebene des Kinderwunsches, gebremst zu haben, ist die historische Erbschaft zweitausendjährigen christlichen Sexualpessimismus. Der Kinderwunsch, der zunächst durch das Christentum geradezu geboten erscheint, konnte aufgrund dieses Pessimismus dennoch nur in verzerrter Weise überleben. Infolge dieser Einsicht wird deutlich, daß genuiner Kinderwunsch und zweite Angstbearbeitung ihre kindheitshistorisch evolutionäre Potenz gegen jegliche Art von Sexualpessimismus durchsetzen mußten und allzu häufig immer noch weiterhin durchsetzen müssen.

LITERATURVERZEICHNIS TEIL II

Amendt, Gerhard:	Das Leben unerwünschter Kinder, Bremen 1990
Alte Pinakothek:	Ein Rundgang durch die Sammlung, München 1991
Arnold, Klaus:	Kind und Gesellschaft im Mittelalter und Renaissance, Beiträge und Texte zur Geschichte der Kindheit, Paderborn/München 1980
Badinter, Elisabeth:	Die Mutterliebe, Geschichte eines Gefühls vom 17. Jahrhundert bis heute, München 1984
Beck-Gernsheim, Elisabeth:	Vom Geburtenrückgang zur neuen Mütterlichkeit?, Ffm 1985
Benjamin, Jessica:	Die Fesseln der Liebe, Psychoanalyse, Feminismus und das Problem der Nacht, Frankfurt/Main 1990
Besch-Cornelius, Julia:	Psychoanalyse und Mutterschaft, Göttingen 1987
Boesch, Hans:	Kinderleben in der deutschen Vergangenheit, Leipzig 1900
Bookmann, Hartmut:	Die Stadt im Mittelalter, München 1987
Bowlby, John:	Bindung, Eine Analyse der Mutter-Kind-Beziehung, München 1975
Chodorow, Nancy:	Das Erbe der Mütter, Psychoanalyse und Soziologie der Geschlechter, München 1985
Delumeau, Jean:	Angst im Abendland, Die Geschichte kollektiver Ängste im Europa des 14. bis 18. Jahrhunderts, Bd. 1 und 2, Reinbeck 1985
Denzler, Georg:	Die verbotene Lust, 2000 Jahre christliche Sexualmoral, München/Zürich 1988
Dresel, Ines, u.a.:	Christus und Maria, Auslegungen christlicher Gemälde der Spätgotik und Frührenaissance aus der Karlsruher Kunsthalle, Karlsruhe 1992
Duby, Georges (Hrsg.):	Geschichte des privaten Lebens, Frankfurt/Main 1990

Erikson, Erik H.:   Identität und Lebenszyklus, Frankfurt/Main
                                  1966

Focus, Nachrichtenmagazin   Die Sex-Lüge, in: Nr. 31, August 1993

Freud, Sigmund: Drei Abhandlungen zur Sexualtheorie (1905),
                                  in: Studienausgabe, Frankfurt/Main 1975, S. 37
                                  ff.

Gambaroff, M.:   Utopische Treue, Hamburg 1984

Garin, Eugenio: Geschichte und Dokumente der abendländischen
                                  Pädagogik, I, Mittelalter, Reinbek bei
                                  Hamburg, 1964

Gélis, Jacques, u.a.:   Der Weg ins Leben, Geburt und Kindheit in
                                  früherer Zeit, München 1980

Gummrich, Karin: Praktiken des Gebärens, Früher und Heute,
                                  Wiss. Hausarbeit f. das Lehramt an Grund-
                                  schulen, Frankfurt/Main 1993

Imhof, Arthur E.:   Reife des Lebens, München 1988

Janus, Ludwig: Wie die Seele entsteht, Unser psychisches
                                  Leben vor und nach der Geburt, Hamburg 1991

de La Roncière, Charles: Gesellschaftliche Eliten an der Schwelle zur
                                  Renaissance, in: Duby, Georges, Hg., Ge-
                                  schichte des privaten Lebens, Bd. 2, Frankfurt/
                                  Main 1990

Le Roy Ladurie, Emmanuel: Montaillou, Ein Dorf vor dem Inquisitor 1294
                                  bis 1324, Frankfurt-Main/Berlin, 1983

Mahler, Margaret S. u.a.:   Die psychische Geburt des Menschen, Sym-
                                  biose und Individuation, Frankfurt/Main 1980

de Mause, Lloyd: Evolution der Kindheit, in: L. de Mause, Hrsg.,
                                  Hört ihr die Kinder weinen?, Frankfurt/Main
                                  1978

                                  Foundations of Psychohistory, New York 1982

de Mause, Lloyd: Grundlagen der Psychohistorie, hrsg. von Aurel
                                  Ende, Frankfurt/Main 1989

                                  On Writing Childhood History, in: The Journal
                                  of Psychohistory, 2, 1988

Mitterauer, Michael: Der Mythos der vorindustriellen Großfamilie,
                                  In: Rosenbaum, Heidi, (Hg.), Seminar:
                                  Familie und Gesellschaftsstruktur, Frankfurt/Main,
                                  1980^2, S. 128 ff.

Nyssen, Friedhelm: Zur Geschichte der Kindheit bei L. de Mause,
                                  Quellendiskussion, Frankfurt/Main 1984

Lieben Eltern ihre Kinder?, Quellendiskussion zur Geschichte der Kindheit, Frankfurt/Main 1989

Neubeginn und Wiederholungszwang, Kindheit und Christentum in der Vergangenheit, Frankfurt/Main 1993

Nyssen, Friedhelm (Hg.):

Zur Diskussion über die Kinderkrippe, Mit Beiträgen von Brigitte Kühn, Friedhelm Nyssen und Patricia Szojas, Frankfurt/Main, 1991

Olivier, Christiane:

Jocastes Kinder, München 1989

Ottmüller, Uta:

Speikinder - Gedeihkinder, Tübingen 1991

Pfister, Oskar:

Das Christentum und die Angst, Olten 1975

Ranke-Heinemann, Uta:

Eunuchen für das Himmelreich, Katholische Kirche und Sexualität, München 1990

Rosenbaum, Heidi:

Formen der Familie, Frankfurt/Main 1982

Ross, J. Bruce:

Das Kind in den italienischen Stadtkulturen zwischen dem 14. und dem frühen 16. Jahrhundert, in: L. de Mause, Hg., 1978

Rutschky, Katharina:

Schwarze Pädagogik, Quellen zur Naturgeschichte der bürgerlichen Erziehung, Frankfurt/Main 1977

Deutsche Kinderchronik, Wunsch- und Schreckensbilder aus vier Jahrhunderten, Köln 1983

Schmiedbauer, Wolfgang:

Alles oder Nichts, Über die Destruktivität von Idealen, Hamburg 1980

Schmidt, Heinrich und Margarethe:

Die vergessene Bildsprache christlicher Kunst, München 1989

Shahar, Shulamith:

Kindheit im Mittelalter, München 1991

Staatsgalerie Stuttgart:

Alte Meister, Stuttgart 1992

Stern, Daniel:

Mutter und Kind, Die erste Beziehung, Stuttgart 1979

Ströter-Bender, Jutta:

Die Muttergottes, Das Marienbildnis in der christlichen Kunst, Köln 1992

Weber, Hartwig:

Kinderhexenprozesse, Frankfurt/Main 1991

Weidinger, Erich:

Apokryphe Bibel, Die verborgenen Bücher der Bibel, Wien 1991

Woodward, L. Kenneth:

Die Helfer Gottes, Wie die katholische Kirche ihre Heiligen macht, München 1991

Friedhelm Nyssen

Neubeginn und Wiederholungszwang
Kindheit und Christentum in der Vergangenheit

Frankfurt/M., Berlin, Bern, New York, Paris, Wien, 1993. 112 S., 27 Abb.
Europäische Hochschulschriften: Reihe 11, Pädagogik. Bd. 538
ISBN 3-631-45920-3   br. DM 42.--*

In der vorliegenden Arbeit wird der Einfluß des Christentums auf die Geschichte der Kindheit untersucht. Dabei wird eine durchgängige Ambivalenz deutlich: einer "Nebenlehre" vom "unschuldigen Kind" steht eine "Hauptlehre" von "Sünde, Strafe und Verdammnis" gegenüber. Als unschuldiges erfährt das Kind größeren Schutz als in vorchristlicher Zeit; als (erb)sündiges unterliegt es einer christlichen Sozialisation, die gegen sein eigenes Selbst gerichtet ist. Dieser widersprüchliche Komplex läßt sich aus der kindheits-historischen Epoche der "Kindesweggabe" verstehen. Im Kontext der psychogenetischen Theorie zur Geschichte der Kindheit ist der Zusammenhang von Kindesweggabe und Christentum als ein evolutionärer Neubeginn im Verhältnis zur vorausgegangenen Epoche des Kindsmordes zu bewerten. Heute jedoch erscheint die tradierte Form christlicher Sozialisation als unproduktiver Wiederholungszwang.

Aus dem Inhalt: Verschiedene Äußerungen zu Kindheit und Christentum · Kinderhexenprozesse · Christentum als "triumphierender Masochismus" · Neubeginn der Menschenkindheit · Wiederholungszwang der Priesterkirche

Peter Lang GmbH **Europäischer Verlag der Wissenschaften**
Frankfurt a.M. • Berlin • Bern • New York • Paris • Wien
Auslieferung: Verlag Peter Lang AG, Jupiterstr. 15, CH-3000 Bern 15
Telefon (004131) 9411122, Telefax (004131) 9411131
- Preisänderungen vorbehalten - *exklusive Umsatzsteuer